I0018570

⸺⸺⸺ TALEB
Fatima Zohra BENMANSOUR
Brahim CHERKI

Théorie du Chaos

Fadia TALEB
Fatima Zohra BENMANSOUR
Brahim CHERKI

Théorie du Chaos

Étude des Suites Logistiques et Application à la Cryptographie

Éditions universitaires européennes

Mentions légales/ Imprint (applicable pour l'Allemagne seulement/ only for Germany)

Information bibliographique publiée par la Deutsche Nationalbibliothek: La Deutsche Nationalbibliothek inscrit cette publication à la Deutsche Nationalbibliografie; des données bibliographiques détaillées sont disponibles sur internet à l'adresse http://dnb.d-nb.de.
Toutes marques et noms de produits mentionnés dans ce livre demeurent sous la protection des marques, des marques déposées et des brevets, et sont des marques ou des marques déposées de leurs détenteurs respectifs. L'utilisation des marques, noms de produits, noms communs, noms commerciaux, descriptions de produits, etc, même sans qu'ils soient mentionnés de façon particulière dans ce livre ne signifie en aucune façon que ces noms peuvent être utilisés sans restriction à l'égard de la législation pour la protection des marques et des marques déposées et pourraient donc être utilisés par quiconque.

Photo de la couverture: www.ingimage.com

Editeur: Éditions universitaires européennes est une marque déposée de
Südwestdeutscher Verlag für Hochschulschriften GmbH & Co. KG
Dudweiler Landstr. 99, 66123 Sarrebruck, Allemagne
Téléphone +49 681 37 20 271-1, Fax +49 681 37 20 271-0
Email: info@editions-ue.com

Produit en Allemagne:
Schaltungsdienst Lange o.H.G., Berlin
Books on Demand GmbH, Norderstedt
Reha GmbH, Saarbrücken
Amazon Distribution GmbH, Leipzig
ISBN: 978-613-1-57856-4

Imprint (only for USA, GB)
Bibliographic information published by the Deutsche Nationalbibliothek: The Deutsche Nationalbibliothek lists this publication in the Deutsche Nationalbibliografie; detailed bibliographic data are available in the Internet at http://dnb.d-nb.de.
Any brand names and product names mentioned in this book are subject to trademark, brand or patent protection and are trademarks or registered trademarks of their respective holders. The use of brand names, product names, common names, trade names, product descriptions etc. even without a particular marking in this works is in no way to be construed to mean that such names may be regarded as unrestricted in respect of trademark and brand protection legislation and could thus be used by anyone.

Cover image: www.ingimage.com

Publisher: Éditions universitaires européennes is an imprint of the publishing house
Südwestdeutscher Verlag für Hochschulschriften GmbH & Co. KG
Dudweiler Landstr. 99, 66123 Saarbrücken, Germany
Phone +49 681 37 20 271-1, Fax +49 681 37 20 271-0
Email: info@editions-ue.com

Printed in the U.S.A.
Printed in the U.K. by (see last page)
ISBN: 978-613-1-57856-4

Table des matières

Table des figures

Remerciements

Mettez tout votre cœur, votre esprit, votre intellect et votre âme dans le moindre de vos gestes, tel est le secret de la réussite !

Ce travail de mémoire de magister s'achevant, vient les moments des remerciements. Mille excuses pour celles ou ceux que je risque d'oublier, néanmoins, je vais tacher de faire de mon mieux !

Je tiens à exprimer ma profonde gratitude à tous ceux et celles qui m'ont soutenu dans ce travail, par leurs encouragements, leur confiance et leur amour.

Je tiens aussi à remercier toutes les personnes qui m'ont apporté leurs expériences.

Je souhaite tout d'abord remercier Monsieur F.T. Bendimerad qui à bien voulu présider ce jury et pour sa bonne initiative d'instaurer cette Ecole Doctorale au sein de notre université.

Je remercie aussi Monsieur O. Seddiki pour avoir bien voulu examiner ce travail.

Aussi, il ne saurait être question de ne pas adresser mes plus grands remerciements à Monsieur B. Cherki qui a bien voulu examiner ce travail final et sans qui ce dernier n'aurait jamais été aussi bien accompli, sa culture scientifique, son incroyable modestie et sa disponibilité ont bien favorisé son développement.

Je remercie également l'ASAL "Agence Spatiale Algérienne" et le CNTS "Centre National des Techniques Spatiales" pour leur collaboration et pour le soutien qu'ils ont su apporter tout au long de cette formation. Je remercie tout particulièrement Monsieur T. Iftène pour sa présence parmi nous.

Un grand merci à mon encadreur Madame F.Z. Benmansour sans qui ce travail n'aurait jamais vu le jour. Je la remercie aussi pour son soutien et ses encouragements dans le moment le plus crucial.

Ma plus grande pensée s'adresse au défunt Monsieur C. Kara qui m'a toujours été d'un bon conseil et qui m'a toujours orienté vers le bon choix.

Merci enfin à mes très chers parents, à mon frère et à ma sœur.

Introduction générale

L'augmentation considérable des débits dans le domaine des communications, aussi bien dans les transmissions numériques et analogiques, ainsi que le besoin incessant d'une sécurité infaillible, rendent les algorithmes de cryptage traditionnels, tels que AES, DES, RSA,...insuffisants. En effet, face à une quantité importante de données fortement corrélées, ces derniers présentent une certaine vulnérabilité et une lenteur inévitable.

La préoccupation de la sécurité touche de plus en plus d'utilisateurs et les enjeux deviennent très importants, pour cela, deux alternatives ont été développées durant cette dernière décennie :

- La cryptographie quantique, dérivée des prédicats de la mécanique quantique.
- La cryptographie chaotique, basée sur l'utilisation de systèmes chaotiques.

Dans ce mémoire, nous nous intéressons à cette seconde alternative, celle-ci améliore significativement les performances actuelles de la sécurité des communications.

Notre objectif principal est d'étudier le comportement de ces systèmes chaotiques, plus particulièrement celui des suites logistiques. Une étude qualitative, statistique et analytique sera alors menée au cours de ce travail afin de comprendre et d'exploiter au mieux les caractéristiques de ces suites et des séquences chaotiques qu'elles génèrent.

A l'heure actuelle, les chercheurs tentent de retrouver un bon compromis entre la sécurité de cryptage, la facilité d'implémentation et cela en un minimum de temps, d'où notre motivation de présenter au cours de ce mémoire un algorithme de chiffrement et de déchiffrement symétrique qui réponde à toutes ces exigences, celui-ci se base sur l'utilisation des séquences chaotiques pour le chiffrement des données secrètes

Nous procéderons ensuite à une analyse pointue de la fiabilité de cet algorithme, comportant, une analyse des histogrammes et de la corrélation des données chiffrées, une analyse de la sensibilité aux changements de la clé secrète, une analyse de la robustesse face aux bruits et pour finir une estimation de la taille de l'espace des clés.

Le processus de déchiffrement, lui, consiste à retrouver les données en clair à partir des données cryptées. Pour cela l'émetteur et le récepteur doivent posséder la même clé secrète.

Cet échange de clé peut se faire par l'une des méthodes d'échange de clé de cryptage symétrique, cependant, cela risque d'être très compromettant.

Dans ce contexte, nous citons quelques méthodes de synchronisation chaotique permettant au récepteur de dupliquer à l'identique un signal chaotique généré par l'émetteur, à partir duquel, les clés de chiffrement seront extraites.

Nous parlerons alors de la découverte surprenante de Thomas Caroll et Louis Pecora, celle-ci a ouvert la voie à d'autres techniques de synchronisation chaotique, dont celles réservées aux générateurs chaotiques discrets, ces dernières restent toutefois rares. Nous définissons parmi celles retrouvées, la synchronisation par filtrage de Kalman étendu et une de ses variantes nommée synchronisation par filtrage de Kalman exact, qui permet de bonnes performances de synchronisation entre l'émetteur et le récepteur.

Nous avons jugé nécessaire de constituer ce mémoire de la façon suivante :

Dans le premier chapitre, nous ferons une synthèse bibliographique compacte des méthodes de cryptage existantes, cela servira à donner une idée globale sur les performances obtenues jusqu'à maintenant et à mieux mettre en évidence l'originalité des résultats obtenus dans le cadre de ce travail.

Dans le chapitre deux, nous introduirons divers notions sur le chaos (géométrie fractale, attracteur et attracteur étrange, section de Poincaré,...) et nous nous consacrerons ensuite à l'étude des suites logistiques et des séquences chaotiques générées par celle-ci.

Dans le chapitre trois nous introduirons divers mécanismes de synchronisation chaotiques qui permettrons à l'émetteur et au récepteur de se synchroniser.

Dans la chapitre quatre, nous proposerons un algorithme de cryptage basé sur le principe du couplage chaotique des données, qui exploite au maximum les points forts des suites logistiques et nous ferons une étude permettant d'évaluer les performances obtenues.

Chapitre 1

Etat de l'art des différentes méthodes de cryptage existantes

1.1 Introduction

La cryptographie est une technique omniprésente dans les communications d'aujourd'hui, elle apporte une protection nécessaire à certains échanges de données à caractère secret, que ce soit pour des domaines militaires ou commerciale.

Cette science n'est pas seulement contemporaine, puisqu'il nous est parvenu des traces de cryptage datant de l'antiquité. Or, la motivation des hommes de cette époque est bien évidemment différente de celle des hommes d'aujourd'hui puisque les besoins ne cessent d'évoluer.

De plus, l'enrichissement des connaissances dans différents domaines et l'essor d'internet et de l'informatique sont à l'origine de nombreuses innovations technologiques.

En effet, la recherche de nouveaux algorithmes et l'amélioration des mécanismes de cryptage existants indiquent que la sécurité est en perpétuel avancement. Plusieurs standards et infrastructures concernant la cryptographie sont mis en place.

Ce chapitre peut être vu comme une synthèse bibliographique compacte sur les méthodes de cryptage existantes, dont l'intérêt principal est de mieux mettre en évidence l'originalité

des résultats et de l'algorithme que nous proposerons dans le chapitre VI.

1.2 Définition de la cryptographie

La cryptographie est la science qui utilise les mathématiques pour le cryptage et le décryptage de données.

Elle permet ainsi de stocker des informations confidentielles ou de les transmettre sur des réseaux non sécurisés, afin qu'aucune personne autre que le destinataire ne puisse les lire.

Alors que la cryptographie consiste à sécuriser les données, la cryptanalyse est l'étude des informations cryptées, afin d'en découvrir le secret. La cryptanalyse classique implique une combinaison intéressante de raisonnement analytique, d'application d'outils mathématiques, de recherche de modèle, de patience, de détermination et de chance.

1.3   Terminologie et concepts de base [1][2]

Cryptologie : est la branche des mathématiques comprenant la cryptographie et la cryptanalyse.

Cryptographie : est l'étude des méthodes permettant de transmettre des données de manière confidentielle.

Cryptosystème : est un système de chiffrement.

Cryptographe : est une personne qui conçoit des cryptosystèmes.

Chiffrement : est l'action de chiffrer un message en clair M, en un message chiffré C ou cryptogramme à l'aide d'une clé k (cryptage).

Déchiffrement : est une action qui permet la restitution de texte en clair M à partir du texte chiffré C et cela à l'aide d'une clé k (décryptage).

Cryptanalyse : est l'étude de procédés cryptographiques dans le but de trouver des faiblesses et, en particulier, de pouvoir décrypter des textes chiffrés.

Cryptanaliste : est une personne qui tente de casser les cryptosystèmes.

Décryptement : est l'action qui consiste à retrouver le texte en clair M sans connaitre la clé de déchiffrement k.

Entité : est un élément dont le rôle est soit d'émettre (émetteur, expéditeur), de recevoir (récepteur, destinataire) ou de manipuler des informations.

Canal : est un moyen de transmission de l'information d'une entité à une autre.

Algorithme de cryptographie : est une fonction mathématique utilisée lors du processus de cryptage et de décryptage. Cet algorithme utilise une clé afin de crypter le texte en clair. Avec des clés différentes, le résultat du cryptage variera également.

Clé : Une clé est une valeur utilisée dans un algorithme de cryptographie, afin de générer un texte chiffré. Les clés sont en réalité des nombres extrêmement importants. La taille d'une clé se mesure en bits.

Schéma de cryptage : est constitué de l'ensemble des transformations de cryptage $\{E_e : e$ appartenant à $K\}$ et de l'ensemble des transformations de décryptage

$\{D_d : d$ appartenant à $K\}$ correspondant. Tel que pour chaque $e \in K$ il existe une unique clé $d \in K$ et $D_d = E_e^{-1} (D_d(E_e(m)) = m)$.

10

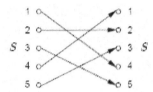

FIG. 1-1 – Involution de S vers S

1.4 Fonctions utilisées [1]

La cryptographie fait appel à différentes fonctions de base en mathématique, il est alors indispensable de rappeler certaines définitions nécessaires à la compréhension des algorithmes de chiffrement.

Définition 1.1 *Une fonction $f : X \to Y$ est dite un-à-un si chaque élément du co-domaine y est l'image de tout au plus un élément du domaine X.*

Définition 1.2 *Une fonction $f : X \to Y$ est dite bijective, si et seulement si f est une fonction un-à-un et si $Im(f)=Y$.*

Définition 1.3 *Une fonction $f : X \to Y$ est dite à sens unique si elle peut être aisément calculée pour chaque $x \in X$, mais difficile à inverser, ce qui veut dire que pour chaque élément $y \in \text{Im}(f)$, il serait impossible de retrouver son antécédent $x \in X$ tel que $y = f(x)$.*

Exemple 1.1 *Soit deux nombres p et q, le calcul du produit $x=pq$ est facile, même si p et q sont très grands, par contre, déduire p et q à partir de x est irréalisable en pratique si p et q sont suffisamment grands. C'est le problème de factorisation.*

Définition 1.4 *Soit un ensemble S d'éléments fini, une permutation p dans S est une bijection où les éléments du domaine et du co-domaine appartiennent au même ensemble S ie : $p : S \to S$.*

Exemple 1.2 *Supposons l'ensemble $S =\{1,2,3,4,5\}$. Une permutation p :$S \to S$ est définie comme suit : $p(1) = 3, p(2) = 5, p(3) = 4, p(4) = 2, p(5) = 1$.*

Définition 1.5 *Soit un ensemble S d'éléments fini et f une fonction bijective de S vers S ie : $f : S \to S$. f est une involution si $f = f^{-1}$, ce qui veut dire que la fonction f est équivalente à son inverse.*

Exemple 1.3 *Supposons l'ensemble $S=\{1,2,3,4,5\}$. La figure 1-1 représente une involution de S vers S.*

1.5 L'objectif de la cryptographie [3] [1]

L'utilisation de la cryptographie a pour objectif d'assurer quatre services importants de la sécurité :

La confidentialité des données : est un service qui permet de dissimuler une information aux personnes, entités ou processus n'ayant pas le droit de la consulter. Elle se définit également comme le caractère réservé d'une information dont l'accès est limité aux personnes admises à la connaître pour les besoins du service.

L'intégrité des données : est un service qui garantit que l'information n'est modifiée que par des actions volontaires et légitimes. Pour assurer l'intégrité des données, il faut avoir la capacité de détecter les manipulations de données non autorisées. Pour cela, Un code spécifique (MAC : Message Authentication Code) est généré pour chaque message et transmis avec ce dernier (section 1.9.2). A l'issue de la transmission, le MAC est régénéré par le destinataire et doit correspondre à celui reçu avec le message correspondant.

L'authentification : L'authentification est un service lié à l'identification. Cette fonction s'applique aux deux entités ainsi qu'à l'information elle-même afin d'éviter différentes attaques appelées mascarades. Elle consiste à vérifier l'identité des différentes parties impliquées dans le dialogue. Lorsqu'une information est échangée, l'authentification du message garantit son origine et sa destination.

La non-répudiation : est un service qui permet d'empêcher les entités concernées par le dialogue de renier certaines actions réalisées au préalable et cela suite à des litiges. Elle consiste donc à prouver qu'un message a bien été émis par son expéditeur ou reçu par son destinataire.

1.6 Critères d'évaluation des différentes techniques de cryptographie [5]

Les algorithmes de chiffrement peuvent être évalués à l'aide de plusieurs mesures, cinq critères principaux ont été relevés :

Niveau de sécurité : généralement difficile à quantifier. Il est souvent exprimé en termes du nombre d'opérations nécessaires pour atteindre l'objectif voulu.

Les Fonctionnalités : sont déterminées par les propriétés de base des outils cryptographiques (primitives).

Mode de fonctionnement : Les primitives peuvent agir différemment suivant les entrées utilisées. De cette façon une primitive fournit des fonctionnalités différentes suivant son mode de fonctionnement et son usage.

Performance : Evalue l'efficacité d'une primitive dans un mode de fonctionnement particulier, le nombre de bits chiffrés par seconde en est un exemple.

Facilité d'implémentation : fait référence à la difficulté de l'implémentation des primitives dans un environnement matériel ou logiciel.

L'importance de chaque critère d'évaluation dépend fortement des exigences et des ressources disponibles. Par exemple, dans un environnement où la puissance de calcul est limitée il serait souhaitable d'avoir un très haut niveau de sécurité pour améliorer les performances du système dans son ensemble.

1.7 Les types de chiffrement [1]

1.7.1 Cryptage à clé symétrique

Ce type de cryptage a été inventé bien avant notre ère, l'émetteur et le récepteur doivent connaitre une même clé, servant à la fois aux opérations de cryptage et de décryptage.

Considérons un schéma de cryptage comprenant deux ensembles $\{Ee : e$ appartenant à $K\}$ et

$\{Dd : d$ appartenant à $K\}$ qui représentent respectivement l'ensemble des transformations de cryptage et de décryptage, où K est l'espace des clés. Le cryptage est dit symétrique, si pour chaque paire de clé (e, d), il serait facile de déterminer la clé d à partir de la clé e et inversement. Le terme *cryptage à clé symétrique* serait plus approprié si $e = d$.

Avant toute utilisation de ce système, le couple (émetteur, récepteur) doit se mettre d'accord sur une clé, qui doit être tenue secrète. Cela ne peut se faire que si les deux personnes disposent d'un canal sûr, ou bien en utilisant un protocole spécifique.

Le cryptage symétrique est généralement simple et rapide, cependant, il faudrait que la clé ne soit pas découverte par une tierce personne. Pour cette raison, l'échange des clés doit être hautement sécurisé.

Une solution consiste à faire un échange de clés à main propre par exemple, ce qui n'est pas toujours évident. Le figure 1-2 permet de décrire ce mécanisme entre deux interlocuteurs, A et B.

Il existe deux catégories de cryptage symétrique, chiffrement par bloc et chiffrement par flux.

Chiffrement par blocs (block ciphers) [4]

On désigne par chiffrement par blocs tout système de chiffrement dans lequel le message est découpé en blocs de même taille (généralement comprise entre 32 et 512 bits), et où chacun de ces blocs est chiffré séparément, l'un à la suite de l'autre. La taille des clés et la longueur des blocs a une influence notable sur le niveau de sécurité. Une clé plus longue permettra donc une meilleure sécurité mais sera plus coûteuse (espace de stockage, génération, transmission...etc), des blocs de grandes dimensions sont également plus sécuritaires mais plus difficiles à implémenter. Si la longueur d'un message n'est pas un multiple de la longueur d'un bloc, on procédera à une opération de bourrage ou padding en anglais. Parmi les algorithmes de chiffrement par blocs, nous citons l'AES, DES, Blowfish et Twofish.

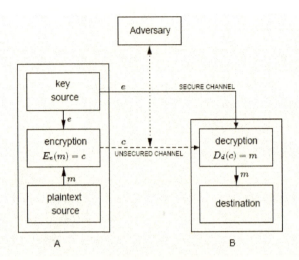

FIG. 1-2 – Principe du cryptage symétrique [1]

Les algorithmes de chiffrement par blocs peuvent être utilisés suivant différents modes, dont les deux principaux sont le mode ECB (Electronic CodeBook) et le mode CBC (Cipher Block Chaining).

Chiffrement par flux (stream ciphers)[4]

Le chiffrement par flux (ou par flot) permet de traiter des messages de longueur quelconque sans avoir à les découper. Il peut être vu comme étant un algorithme de chiffrement par blocs, où chaque bloc est caractérisé par une dimension unitaire (1 bit, 1 octet, etc.) et une éventuelle nouvelle méthode de chiffrement. Il est très rapide et a l'avantage de ne pas propager les erreurs, ce qui le rend très utile dans des systèmes où la fréquence d'erreur est élevée. Ce type de chiffrement est aussi très utile lorsque l'information ne peut être traitée qu'en petite quantité, sur des équipements dépourvus de mémoire physique ou à mémoire tampon très limitée. Parmi les algorithmes de chiffrement par flux, nous citons le RC4, A5, A4. . . etc.

1.7.2 Cryptage à clé asymétrique

Considérons un schéma de cryptage comprenant deux ensembles $\{Ee : e$ appartenant à $K\}$ et $\{Dd : d$ appart qui représentent respectivement l'ensemble des transformations de cryptage et de décryptage, où K est l'espace des clés.

Etant donné le texte crypté c tel que $Ee(m) = c$, où m représente le texte en clair, supposons la paire de transformation de cryptage et de décryptage (Ee, Dd) où seul Ee est connue, il serait alors impossible de retrouver le texte d'origine ne connaissant pas Dd. Cette propriété implique qu'il est impossible de déduire la clé privée d à partir de la clé publique e.

Chaque interlocuteur possède donc son propre jeu de clés. Pour un éventuel envoi de message, l'émetteur doit disposer de la clé publique e du récepteur, celle-ci lui sera délivrée pour le chiffrement du message 'm' tel que $c = Ee(m)$. Le récepteur étant le seul à connaitre sa clé privée d, il peut procéder au décryptage du message c en toute sécurité. Tous les messages (texte, fichiers binaires ou documents) cryptés à l'aide de la clé publique peuvent uniquement être décryptés en appliquant le même algorithme, mais à l'aide de la clé privée correspondante.

La principale force de ce type de cryptage, est que la clé privée n'est jamais échangée, un espion ne serait donc pas en mesure de décrypter quoi que ce soit, même s'il est à l'écoute.

Le cryptage à clé asymétrique utilise des opérations mathématiques, possédant elles-mêmes des propriétés asymétriques. L'opération la plus fréquemment utilisée est le produit de deux nombres premiers. Ce dernier est certainement très simple à faire, en revanche, si on vous donne le résultat du produit de deux nombres premiers inconnus et qu'on vous demande de les retrouver, cela prendra un temps proportionnel aux nombres premiers eux-mêmes. S'ils sont composés de 128 bits par exemple, la décomposition du produit sera pratiquement impossible à réaliser, cette complexité est alors exploitée pour réaliser ce type de chiffrement.

Le schéma suivant permet de décrire ce mécanisme entre deux interlocuteurs, A et B :

Dans ce cas, la clé de cryptage est transmise à travers un canal non sécurisé. Ce même canal sera ensuite utilisé pour la transmission du message chiffré.

En plus d'être gourmand en puissance de calcul, ce type de cryptage est vulnérable à certains types d'attaques nommés 'Man in the Middle'. Lorsque l'émetteur demande la clé publique du récepteur, le pirate lui envoie sa propre clé publique, l'émetteur crypte ensuite le message et le retransmet. Il ne reste plus au pirate qu'à décrypter le message à l'aide de sa propre clé privée. Il peut ensuite modifier le message et le crypter en utilisant cette fois la clé publique du vrai destinataire, de cette façon aucun des correspondants légitimes ne peut s'en apercevoir. Une solution à ce problème consiste à faire un échange de clé à main propre.

1.7.3 Cryptage hybride

Les algorithmes asymétriques permettent de s'affranchir des problèmes liés à l'échange de clé via un canal sécurisé. Toutefois, ces derniers restent beaucoup moins efficaces en termes de temps de calcul.

Ainsi, la notion de chiffrement hybride est un compromis entre le chiffrement symétrique et asymétrique permettant de combiner les deux techniques.

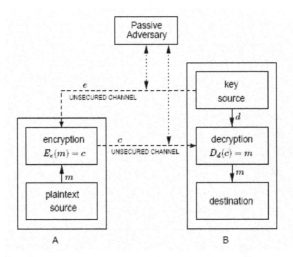

FIG. 1-3 – Principe du cryptage asymétrique [1]

Son principe consiste à générer aléatoirement une clé de taille raisonnable, et de chiffrer celle-ci à l'aide d'un algorithme de chiffrement à clef publique, plus exactement à l'aide de la clé publique du destinataire.

Le destinataire est en mesure de déchiffrer cette clé à l'aide de sa clé privée. Ainsi, expéditeurs et destinataires sont en possession d'une clé commune dont ils sont les seuls connaisseurs. Il leur est alors possible de s'envoyer des documents ou des messages chiffrés à l'aide d'un algorithme de chiffrement symétrique.

1.8   Etat de l'art

La liste d'algorithmes de cryptage proposée est certainement non exhaustive, notre choix s'est porté sur les algorithmes les plus utilisés et les plus connus.

1.8.1   Algorithmes symétriques

DES [1]

En 1973, L'Agence Nationale de Sécurité Américaine (N.S.A.) a lancé des appels d'offres pour la création d'un algorithme de chiffrement répondant à différents critères (efficace, exportable, économique). La société I.B.M. a développé alors un algorithme nommé Lucifer, relativement complexe et sophistiqué, qui, grâce à la NSA a été modifié pour donner le DES (Data Encryption Standard).

Il s'agit d'un système de chiffrement symétrique par blocs de 64 bits, Cela signifie que D.E.S. découpe virtuellement le texte clair en blocs de 64 bits qu'il code séparément. C'est un algorithme de cryptage à clef secrète. La clé sert donc à la fois à crypter et à décrypter le message, elle se caractérise par une longueur de 64 bits, dont une longueur utile de 56 bits et 8bits servant à des tests de parité. Cela signifie que seuls 56 bits servent réellement dans l'algorithme et que chaque bit de parité de la clé sert à tester un des octets de la clé, il peut exister alors 2^{56} clés différentes.

La clé de 64 bits est utilisée pour générer 16 autres clés de 48 bits, généralement notés k_1 à k_{16}, qu'on utilisera lors de chacune des 16 itérations (round) du D.E.S. chaque itération consiste à effectuer des combinaisons, des substitutions et des permutations entre le texte à chiffrer et la clé, l'opération inverse permettrait de retrouver le texte en clair.

L'entière sécurité de l'algorithme repose sur la complexité des clés de chiffrement, étant donné que l'algorithme du DES est connu de tous. De plus le nombre de clés est élevé (2^{56}) et peut être facilement augmenté en changeant le nombre de bits pris en compte.

En plus de sa rapidité, cet algorithme résiste à de nombreuses attaques linéaires, différentielles ou à base de clés corrélées effectuées en temps raisonnable. Il a été pendant plus de vingt ans la force motrice de la cryptographie commerciale.

Triple DES [1]

Au milieu des années 90, tout le monde soupçonnait la vulnérabilité de l'algorithme DES, cela a été prouvé en 1998 : une machine appelée « DES Cracker » a été construite et a pu briser en quelques jours une clé DES. Pour cette raison, Le DES ne sera utilisé que par certains systèmes légaux.

Pour remédier aux insuffisances de DES, Walter Tuchman a inventé un algorithme de chiffrement symétrique appelé 3DES. Ce dernier a été adopté en attendant la mise en œuvre d'un nouveau standard de chiffrement. Il a pour principe d'enchaîner trois applications successives de l'algorithme DES sur un même bloc de données de 64 bits, avec deux ou trois clés DES différentes. Le mode d'usage standard de cet algorithme est le mode EDE (Encryption, Decryption, Encryption) ce qui le rend semblable a DES si on utilise trois fois la même clé.

Cet algorithme fournit une sécurité supérieure au prix d'un triplement du temps de chiffrement. Plus formellement, on écrit :

$$C = E_{DES}^{k_3}(D_{DES}^{k_2}(E_{DES}^{k_1}(M))) \tag{1.1}$$

AES [7]

Pendant plusieurs années, cette variante (Triple DES) a été utilisée à la place du DES. Mais le besoin d'un nouveau standard s'est fait ressentir. En avril 1997, le NIST a lancé un défi pour la création d'un algorithme de chiffrement symétrique, l'enjeu était de constituer un algorithme aussi efficace que le triple DES avec une amélioration significative. En aout 1999, le NIST a sélectionné cinq algorithmes parmi les 15 autres soumis initialement : MARS, RC6, Rijndael, Serpent et Twofish. Suivant leurs résistances à la plupart des attaques connues aujourd'hui.

Après deux ans d'analyse et de discussions, le NIST a finalement choisi l'algorithme, Rijndael, pour des raisons de sécurité, performance, efficacité, facilité d'implémentation et flexibilité. Devenu le cœur de l'Advanced Encryption Standard (AES), cet algorithme a été développé par deux chercheurs belges : Joan Daemen travaille pour la compagnie Proton World International et Vincent Rijmen est chercheur au département d'électronique ESAT de l'Université Catholique de Louvain.

L'AES est un algorithme de cryptage à clé secrète, il est utilisé par divers organisations dont l'organisation gouvernementale américaine, pour devenir ensuite, le standard gouvernemental officiel en avril-juin 2001.

Cet algorithme chiffre un bloc de 128 bits à la fois, ce qui permet de contrer différentes attaques dues en particulier au paradoxe des anniversaires[1].

On considère en général, pour obtenir un niveau de sécurité correct, qu'il faut prendre un bloc de données d'au moins 128 bits. En vue de l'égalité de Taylor, l'attaquant doit faire $1.5x10^{19}$ essais avant de retrouver les données non chiffrées[2].

La taille de la clé de chiffrement est paramétrable et doit contenir au moins 128, 192 ou 256 bits, ceci représente respectivement environ $3, 4x1038$ clés de 128 bits possibles; 6,2 x 10^{57} clés de 192 bits et $1, 1x10^{77}$ clés de 256 bits.

Cependant, la création d'une machine telle que la DES cracker pour casser ce type de clé est impossible, en supposant qu'elle arrive à essayer 2^{55} clés par seconde, il lui faudrait alors 149 mille milliards d'années, ce qui est impossible.

Rijndael est très performant, le temps de calcul de diversification de clé en sous clés est excellent, il faudrait alors stocker uniquement la clé de chiffrement (32 octets) et non toutes les sous-clés. Cela permet d'avoir un gain d'espace de 10 fois 32 octets pour les 10 tours de Rijndael.

Rijndael est peu gourmand en mémoire, il a aussi démontré de bons résultats pour résister aux timing attack et power attack[3] particulièrement efficaces sur les environnements ayant peu de mémoire comme

---

[1] C'est une estimation probabiliste du nombre de personnes que l'on doit réunir pour avoir une chance sur deux que deux personnes de ce groupe aient leur anniversaire le même jour de l'année. Il se trouve que ce nombre est 23.
[2] http://www.bibmath.net/crypto/chasseur/anniversaire.php3
[3] Ces attaques permettent d'extraire la clé secrète d'une puce en effectuant des mesures de temps et de puissances dégagés

les cartes à puce. Rijndael est alors un bon compromis en terme de sécurité d'une part et en terme d'efficacité sur de nombreuses plates-formes.

Rijndael utilise des boîtes S comme composants non-linéaires, il apparaît avoir une marge de sécurité suffisante mais a reçu des critiques suggérant que sa structure mathématique puisse amener des attaques. D'un autre côté, la structure simple semble avoir facilité l'analyse de sécurité durant le processus de développement de l'AES.

RC5 et RC6

RC5 est un algorithme de chiffrement par blocs, il a été crée en 1995 par Ron Rivest. Il a l'avantage d'être paramétrable puisqu'il utilise une clé de longueur variable et un nombre de round variable appliqué à des blocs de données de longueur variable.

Ainsi, l'utilisateur a le contrôle total sur la vitesse d'exécution et la sécurité de son chiffrement. Une clé plus longue et un nombre élevé de round assurent en général une meilleure sécurité.

Cet algorithme se base sur l'utilisation de différentes opérations telles que le décalage de bits vers la gauche, l'addition modulo $2^{(\text{nombre de bits des blocs})}$ et le OU-Exclusif (XOR). De plus, il est simple, ce qui permet de faciliter son implémentation et son analyse mais le rend très propice à la cryptanalyse.

Le RC6 a ensuite été crée en 1998, il propose de nettes améliorations au RC5 et comme ce dernier, il est paramétrable et se base sur l'utilisation des mêmes opérations, toutefois, il utilise une opération supplémentaire qui est la multiplication modulo $2^{(\text{nombre de bits des blocs})}$ ce qui augmente la diffusion dans chacun des rounds et donc la sécurité.

Le RC6 a été soumis au NIST pour devenir le nouveau standard de la cryptographie avancée.

1.8.2 Algorithmes asymétriques

RSA[8][1]

La méthode RSA à été inventée en 1977 par Ron Rivest, Adi Shamir et Len Adleman d'où le sigle RSA. RSA a été brevetée par le MIT en 1983 aux états unis d'Amérique mais le brevet a expiré en septembre 2000. Il est considéré comme étant le système à clé publique le plus solide et le plus utilisé actuellement. RSA est fondée sur la difficulté de factoriser des grands nombres et sur l'utilisation de la fonction à sens unique 'puissance'.

Avant toute transmission, le récepteur choisit deux entier n et e tels que :

- n est le produit de deux grand nombres premiers p et q choisis arbitrairement.

- e est un entier premier avec $(p-1)(q-1)$.

---

par celle-ci.

Le couple (n, e) représente la clé publique du destinataire qu'il peut partager librement. Le couple (n, d), tel que $ed = 1 \bmod[(p - 1)(q - 1)]$, représente sa clé privée.

Seule la clé publique du récepteur est indispensable à l'émetteur pour pouvoir effectuer le chiffrement d'un message M en un message codé $C = M^e \bmod n$. Le déchiffrement quant à lui consiste à calculer la fonction réciproque $D = C^d \bmod n$.

Cela fait néanmoins de nombreuses années que cet algorithme est cryptanalysé sans aucun succès. La sécurité de cet algorithme repose sur la factorisation du nombre n, cependant, il n'existe aucun algorithme ayant une complexité polynomiale en temps qui donne les facteurs premiers d'un nombre quelconque. Si cela venait à se résoudre, tous les algorithmes de chiffrement fondés sur ce principe seront remis en cause et rendus non sûrs, remettant également en cause toutes les données chiffrées auparavant à l'aide de ces algorithmes.

DSA[1]

En aout 1991, le National Institute of Standards and Technology (NIST) propose l'algorithme Digital Signature Algorithm (DSA) en tant que nouveau standard de signature numérique (section 1.9.3). DSA est un algorithme de signature à clé publique. Cette clé publique est utilisée pour vérifier l'identité de l'émetteur des données ainsi que leur intégrité.

Il est moins rapide que l'algorithme RSA, puisque la vérification est 10 à 40 fois plus lente. Cependant la génération des clés et de la signature est plus ou moins rapide, mais cela reste insuffisant puisque la vérification est une opération plus fréquente que la signature.

La génération de la pair de clés privée/publique (x, y) se fait à base de nombres premiers choisis aléatoirement de la façon suivante :

- p est un nombre premier tel que $2^{L-1} < p < 2^L$ avec $512 < L < 1024$ et L est un multiple de 64.
- q est diviseur premier de $(p - 1)$ de longueur 160 bits ($2^{159} < q < 2^{160}$).
- $g = h^{(p-1)/q} \bmod p$, avec h un nombre entier tel que $1 < h < (p - 1)$ et tel que $g > 1$.
- x est un nombre entier aléatoire ou pseudo- aléatoire $0 < x < q$.
- $y = g^x \bmod p$.

Les paramètres p, q et g peuvent être partagés entre plusieurs utilisateurs, ils participent notamment à la génération de la signature en combinaison avec la clé privée de l'émetteur et d'une fonction de hachage H à sens unique.

Par la suite, l'émetteur envoie au récepteur la signature générée, ce dernier procédera à sa vérification. Si celle-ci n'est pas rejetée (le message a été envoyé par la personne possédant la clé secrète x correspondant à la clé publique y), les deux interlocuteurs peuvent s'échanger des messages en toutes sécurité.

1.9 D'autres mécanismes utilisés

1.9.1 Hachage [4][9][1]

Une fonction de hachage a pour unique objectif de produire un haché de données (empreinte), qui correspond à une version condensée de ces données. Ce condensé est de taille fixe, sa valeur dépend fortement de la fonction de hachage utilisée.

Cette fonction est facilement calculable, elle est définie d'un ensemble infini M (espace des messages) dans un ensemble fini E (espace des empreintes). En général, l'espace des messages est l'ensemble des mots binaires $\{0,1\}^*$ et l'espace des empreintes est l'ensemble des trains de longueur fixée $\{0,1\}^n$, où n est petit.

Elle est dite à sens unique "one-way hash function", puisque, pour toutes les valeurs y de l'espace des empreintes, il est difficile de trouver le message x tel que $h(x) = y$, de plus, elle doit être sans collision, deux données différentes ne peuvent pas avoir le même haché, tel que :

$$h(x) \neq h(y) \Rightarrow x \neq y \text{ et } h(x) = h(y) \Rightarrow x = y \tag{1.2}$$

Les fonctions de hachage jouent un rôle important dans le domaine de la cryptographie moderne, principalement pour vérifier l'intégrité des données et réduire leur taille avant tout traitement par des algorithmes de chiffrement. Elles servent également à l'authentification Digest[4] et à la signature numérique (section 1.9.3).

Il existe différentes fonctions de hachage, les plus usuelles sont :

MD5 (Message Digest) : il a été inventé par Ron Rivest en 1991, il produit des hachés de 128 bits en travaillant les données originales par blocs de 512 bits. Cinq années plus tard, une importante faille a été découverte indiquant que MD5 devrait être mis de coté au profit de fonctions plus robustes comme le SHA-1.

SHA-1 (Secure Hash Algorithm 1) : il a été inventé en 1995 par la National Security Agency (NSA) et standardisé par le NIST. Il fonctionne également à partir de blocs de 512 bits de données et produit par contre des condensés de 160 bits en sortie. Il nécessite donc plus de ressources que MD5.

SHA-2 (Secure Hash Algorithm 2) : cet algorithme a été conçu par la NSA et standardisé par le NIST, il est destiné à remplacer SHA-1. Les différences principales résident dans les tailles de hachés possibles : 256, 384 ou 512 bits.

RIPEMD-160 (Ripe Message Digest) : cet algorithme a été développé en Europe par Hans Dobbertin, Antoon Bosselaers et Bart Preneel. C'est la version la plus améliorée de l'algorithme RIPEMD. Elle

---

[4]L'authentification Digest offre les mêmes fonctionnalités que l'authentification de base mais utilise un autre mode de transmission des informations d'authentification. Les informations d'authentification sont traitées par un processus unidirectionnel souvent appelé hachage. Le résultat de ce processus, appelé hash ou message condensé, est impossible à décrypter.

produit comme son nom l'indique des condensés de 160 bits. D'autres versions produisant des condensés de 128, 256 et 320 bits existent mais présentent des failles de sécurité importantes. Cependant, elle est relativement gourmande en termes de ressources en comparaison avec SHA-1 qui est son principal concurrent.

Tiger : c'est une fonction de hachage cryptographique conçue par Ross Anderson et Eli Biham en 1995. Tiger fournit une empreinte sur 192 bits mais des versions sur 128 et 160 bits existent aussi. Ces versions raccourcies prennent simplement les premiers bits de la signature de 192 bits. Cette fonction de hachage est très rapide puisqu'elle permet de hacher plus de 132Mbps par second contrairement à MD5 qui permet de hacher uniquement 37Mbps et cela sur une même machine (Alpha 7000, Model 660, on one processor).

1.9.2 HMAC et MAC [1]

HMAC (keyed-hash message authentication code) est le résultat de l'association d'une fonction de hachage à une clé secrète. Cette fonction est utilisée pour vérifier simultanément l'intégrité des données et l'authenticité de l'expéditeur. Différentes fonctions de hachage peuvent êtres utilisées, nous citons à titre d'exemple MD5 ou SHA-1. Le nom de l'algorithme résultant serait dans ce cas HMAC-MD5 ou HMAC-SHA-1.

La qualité cryptographique de cette fonction dépend de la qualité cryptographique de la fonction de hachage utilisée ainsi que de la qualité et de la taille de clé secrète.

Le mécanisme consiste à calculer (ou sceller) une empreinte à partir d'un message et d'une clé privée. Ce scellement génère un Sceau ou un code d'authentification de message (MAC).

Avant tout envoi, l'émetteur calcul L'empreinte du message en utilisant une fonction de hachage quelconque, cette empreinte est ensuite scellée à l'aide de la clé privée partagée au préalable. Après réception du message et du 'Sceau', le destinataire réalisera les mêmes opérations sur le message d'origine, si le résultat est semblable au Sceau reçu cela voudrait dire que le message est intègre. [10]

1.9.3 Signature numérique [11][1]

La signature numérique est un mécanisme permettant à une entité de lier son identité à un élément d'information. Elle permet à un destinataire de vérifier l'authenticité des données, leur origine et leur intégrité. Elle fournit également une fonctionnalité de non répudiation, afin que l'expéditeur ne puisse pas nier l'envoi des données.

Une signature numérique a la même utilité qu'une signature manuscrite. Cependant, une signature manuscrite peut être facilement imitée, alors qu'une signature numérique est pratiquement infalsifiable. De plus, elle atteste du contenu des informations, ainsi que de l'identification du signataire.

Définition 1.6 *M : un ensemble fini appelé espace des messages.*

S : un ensemble fini appelé espace des signatures.

Pour chaque entité A, nous pouvons définir deux fonctions :

- Une fonction de signature $S_a : M \rightarrow S$, qui attribue à chaque message une signature, cette fonction doit être connue uniquement de l'entité A.

- Une fonction de vérification $V_a : (M, S) \rightarrow \{oui, non\}$, qui permet de vérifier la validité d'une signature attribuée à un message, telle que $V_a(x, S_a(x)) = oui$ pour tout $x \in M$.

Dans ce système, l'émetteur procède tout d'abord à la création de la signature du message à envoyer. Pour cela, il calcul l'empreinte du message en utilisant une fonction de hachage quelconque, cette empreinte est ensuite cryptée à l'aide de sa clé privée.

Après réception du message et de la signature, le destinataire recalcule l'empreinte du message d'origine et le compare avec le résultat du décryptage de la signature à l'aide de la clé publique de l'émetteur. Si une parfaite similitude existe, le destinataire sera désormais sûr de l'authenticité du message et de son intégrité. De plus l'émetteur ne pourra pas nier l'envoi du message (non-répudiation).

1.9.4 Certificat numérique[1]

Le problème des certificats numériques est à l'opposé de celui de la signature électronique. Ils permettent de simplifier la tâche qui consiste à déterminer si une clé publique appartient réellement à son détenteur supposé.

Un certificat numérique contient des données similaires à celles d'un certificat physique (permis de conduire, certificat de naissance, passeport...). Il contient des informations associées à la clé publique d'une personne, aidant d'autres personnes à vérifier qu'une clé est authentique ou valide.

Les certificats numériques permettent de contrecarrer les tentatives de substitution de la clé d'une personne par une autre.

Si par exemple une personne nommée 'A' veut certifier que sa clé publique lui appartient. Elle envoie sa clé à un organisme de certification, ainsi que différentes informations la concernant (nom, email,...etc). Cet organisme vérifie les informations fournies, et ajoute au certificat son propre nom, une date limite de validité, et surtout une signature numérique. Cette signature est calculée en appliquant une fonction de hachage (MD5) sur les informations du certificat. Puis il signe ce résumé en appliquant sa clé secrète.

Un certificat numérique se compose donc de trois éléments :

- Une clé publique.

- Des informations sur le certificat (informations sur l'identité de l'utilisateur, telles que son nom, son ID utilisateur,... etc).

- Une ou plusieurs signatures numériques.

1.10   Application (protocoles)

Les mécanismes de cryptographie, de signature électronique et de certificats numériques sont implémentés dans diverses applications et protocoles qui mettent en œuvre des échanges sécurisés. Parmi ces protocoles nous citons :

1.10.1   SSL et TLS[1]

Le protocole SSL (Secure Socket Layer) est un protocole de sécurisation développé à l'origine par Netscape (SSL version 2 et SSL version 3). Il a été ensuite repris par l'IETF suite à un rachat du brevet de Netscape en 2001, ce qui a donné naissance au protocole TLS v1.0, celui-ci a été normalisé en 1999 par l'IETF dans la RFC 2246.

SSL et TLS se situent tous deux au niveau de la couche session du modèle OSI. Ce qui implique que pour toutes applications existantes, il peut exister une application utilisant SSL. Comme par exemple HTTPS.

Les quelques différences entre SSL version3 et TLS version 1 les rendent non interopérables, mais TLS a mis en place un mécanisme de compatibilité ascendante avec SSL. En outre, TLS diffère de SSL au niveau de la génération des clés symétriques. Cette génération est plus sécurisée dans TLS que dans SSL v3 dans la mesure où il se base sur des algorithmes de hachage plus sécurisés.

Dans une application client serveur, L'utilisation de SSL/TLS permet l'authentification mutuelle des deux extrémités, ainsi que le chiffrement et la vérification de l'intégrité des connexions. Une session SSL/TLS correctement établie se limitera donc à protéger les différents échanges puisqu'elle n'apportera aucune garantie de sécurité pour les systèmes client ou serveur.

Ainsi, un simple enregistreur de frappe (ou keylogger) installé sur le poste client sera en mesure de récupérer les mots de passe ou toute information confidentielle, même si celle-ci a été saisie lors d'une session SSL/TLS.

1.10.2   HTTPS[1]

HTTPS est une simple combinaison des deux protocoles HTTP et SSL ou TLS. Ils sont souvent utilisés en mode dissymétrique, où le certificat est en possession du serveur. Ce certificat permet aux visiteurs de vérifier l'identité du site auquel ils accèdent, d'authentifier le serveur et de chiffrer toutes les données transmises dans les deux directions, que ce soit du client vers le serveur ou inversement.

Un mot de passe ou un numéro de carte bancaire suffira pour l'authentification du client auprès du serveur, tous les échanges étant chiffrés, ces informations ne circuleront jamais en clair sur le réseau. HTTPS garantit donc la confidentialité et l'intégrité des données envoyées par l'utilisateur et reçues du serveur. C'est ainsi que fonctionne un serveur web sécurisé.

Si par l'intermédiaire d'un navigateur un client se connecte à un serveur web sécurisé, ce dernier lui envoie son certificat (pour fournir sa clé publique ...). Si ce certificat a été délivré par une autorité de certification reconnue par le navigateur du client, il est accepté de manière transparente pour l'utilisateur ; sinon le navigateur va demander à l'utilisateur s'il accepte ce type de certificat.

Ce protocole est généralement utilisé pour les transactions financières en ligne : commerce électronique, banque en ligne, courtage en ligne, etc. Il est aussi utilisé pour la consultation de données privées, comme les courriers électroniques par exemple.

1.10.3   IPSec [4]

IPSec « IP SECurity protocol » est un protocole qui se situe au niveau de la couche réseau du modèle OSI, il fournit un mécanisme de sécurisation dans la communication entre routeurs ou stations IP et sert notamment à la mise en oeuvre de réseaux privés virtuels (VPN).

Ce protocole offre une sécurisation du réseau dans sa globalité et assure plusieurs fonctionnalités, telles que l'authentification des machines, la confidentialité et l'intégrité des transactions. Son implémentation indissociable du protocole IPv6 entre en concurrence avec les fonctionnalités de confidentialité et d'intégrité de SSL et TLS. Cette concurrence a abouti à une nette amélioration puisqu'il est devenu actuellement un important complément à la sécurité offerte par SSL et TLS.

Cependant, IPSec ne peut assurer l'authentification des utilisateurs, ce qui pose le problème de la fiabilité des postes individuels. De plus il présente un souci d'interopérabilité.

1.10.4   SSH [12]

SSH signifie Secure Shell, c'est un protocole de communication sécurisé de la couche transport. Il est utilisé par un grand nombre de personnes qui savent pertinemment que d'autres programmes semblables, tels que FTP, Rlogin et Telnet transmettent leurs mots de passe en clair sur le réseau.

En effet SSH chiffre tout le trafic (mots de passe y compris), il fournit également une variété de méthodes d'authentification. La façon la plus simple pour s'identifier est le mot de passe, cependant si quelqu'un connaît votre mot de passe, la sécurité est compromise. Pour être débarrassé du problème, SSH offre l'Authentification par clé publique RSA ou DSA, vous devez donc disposer d'un couple de clé publique/privée au lieu d'un simple mot de passe.

Le protocole SSH existe en deux versions différentes : la versions 1.0 et la version 2.0. La première version utilise généralement des clés de cryptage RSA et souffre néanmoins de quelques problèmes de sécurité. La version suivante utilise des clés de cryptage DSA, elle est beaucoup plus sûre et nettement plus utilisée à travers le monde.

1.11　Conclusion

Les différentes méthodes de cryptographie semblent très efficaces, certaines plus que d'autres. Elles font cependant face à de nombreuses difficultés, telles que la montée en puissance des calculateurs qui ne cessent de croitre et qui ouvre de larges perspectives à la cryptanalyse.

De plus, l'augmentation considérable des débits, aussi bien dans les transmissions numériques qu'analogiques, a rendu les méthodes usuelles de cryptage vulnérable.

Deux alternatives ont été alors développées durant la dernière décennie : la cryptographie quantique et la cryptographie chaotique. La première résout de manière radicale le problème de la confidentialité, mais son débit reste très limité et son coût très élevé.

Par contre, la cryptographie par chaos a déjà fait preuve de son efficacité et de sa puissance de chiffrement qui peut aller jusqu'à 1Gbits/s.

Dans le chapitre suivant, nous aborderons une étude du chaos et d'un générateur chaotique à caractère discret.

Chapitre 2

Introduction aux systèmes dynamiques et au chaos

De la vie jaillit le chaos...

2.1 Introduction

Les systèmes chaotiques présentent des caractéristiques qui suscitent un très grand intérêt dans le domaine de la sécurité, en effet, leur imprédictibilité et leur sensibilité aux conditions initiales constituent des atouts majeurs.

Dans ce chapitre nous allons introduire la notion de chaos, ce mot signifiant le désordre dans le langage courant porte un sens plus large dans le domaine des mathématiques, nous décrirons ensuite plusieurs systèmes chaotiques à caractère discret ou continu, le système le plus optimal, suivant le cahier des charges, sera étudié qualitativement, statistiquement et analytiquement. Ce dernier sera ensuite utilisé comme générateur de séquence chaotique servant au chiffrement des données secrètes.

Le lecteur remarquera que certaines notions seront introduites sans s'attarder dans les détails, puisque le domaine reste très vaste, les dimensions de Feigenbaum constituent a elles seules un domaine de recherche.

2.2 Les systèmes dynamiques [13]

Un système dynamique est un système physique qui évolue. Il est muni d'une équation d'évolution qui décrit la variation temporelle de son état, décrivant ainsi un espace des états possibles ou un espace de phases (section 1.7). Cette équation d'évolution prend la forme d'une équation différentielle ou aux dérivées partielles, lorsque le temps est une variable continue. Elle peut prendre également la forme d'une application discrète de l'espace des phases vers lui-même, lorsque le temps est une variable discrète. Si on s'intéresse à l'étude des propriétés qualitatives et statistiques de l'évolution à long terme du système, nous pouvons distinguer de très nombreux systèmes, parmi eux : Des systèmes aléatoires qui évoluent au hasard dans tout l'espace ; des systèmes parfaitement déterministes suivant des trajectoires bien précises où tout phénomène est la conséquence nécessaire de phénomènes antérieurs ou simultanés et des systèmes chaotiques qui décrivent un comportement infiniment complexe et qui fera l'objet de notre étude.

2.3 Définitions de base

Définition 2.1 *Un point x est un point fixe de f si $f(x) = x$.*

Définition 2.2 *Un point x est un point périodique de période $n \succ 1$ si $f^n(x) = x$ et $f^i(x) \neq x$ pour $i = 1....n - 1$.où $f^0 = id$ et $f^n = f^{n-1} \circ f$ est la nième itérée de f.*

Exemple 2.1 *L'application $f(x) = x^3$ a 0, 1 et -1 comme points fixes et aucun point périodique. L'application $p(x) = x^2 - 1$ a un point fixe à $(1 \pm \sqrt{5})/2$. 0 et -1 sont des points périodiques de période égale à 2.*

Définition 2.3 *Une fonction $f : J \rightarrow J$ est dite sensible aux conditions initiales, s'il existe $\delta > 0$ tel que, pour chaque $x \in J$ et pour un quelconque voisinage N de x, il existe $y \in N$, tel que $|f^n(x) - f^n(y)| > \delta$ où $n \geq 0$.*

Définition 2.4 *Une fonction $f : J \rightarrow J$ est dite topologiquement transitive si quelque soit les ouverts $U, V \subset J$, il existe $k > 0$ tel que : $f^k(U) \cap V \neq \Phi$.*

Définition 2.5 *Un sous ensemble U de S est dense dans S si $\overline{U} = S$*

2.4 La découverte du chaos [17][19][15]

La théorie du chaos est une des très rares théories mathématiques à avoir connu un succès médiatique. Elle a fait son apparition en météorologie 'domaine qui fascine l'inconscient' et se voit peu à peu s'étendre à toutes les sciences.

Cette théorie est d'une importance semblable à celle de la mécanique de Newton, à la relativité d'Einstein ou à la mécanique quantique. Son succès est en partie dû à son époque, elle est née au milieu des mythiques années 60, celle de Kennedy et de la guerre au Viêt-Nam ; en plus du lieu mythique : le campus de Massachusetts Institut of technology, où le professeur de mathématique Edward Lorenz l'a découvert pour la première fois.

En effet, Lorenz, passionné dès son enfance par les problèmes mathématiques qui n'avaient pas de solution, avait découvert la météorologie, l'objectif de celle-ci est l'étude de la prévision du déplacement des masses d'air de l'atmosphère.

Dans la foulée de la mécanique Newtonienne, il suffisait alors de traduire par des équations différentielles le déplacement de ces masses, puis de résoudre ces équations. Cependant, certaines de ces équations étaient difficilement résolvables et d'autres ne l'étaient pas du tout.

Lorenz a donc pensé à établir un système d'équations différentielles très simplifié de trois degrés de liberté qui permettrait de déterminer l'évolution des masses d'air. Il a ensuite essayé d'améliorer son modèle à l'aide d'un ordinateur, un Royal Mc Bee LGP-300, ces premiers ordinateurs fonctionnaient avec des tubes à vide et étaient d'une lenteur éléphantesque. Il a donc tant bien que mal simulé ses hypothèses, expérimenté ses idées, testé le rôle de chaque paramètre et établi par essais et erreurs un modèle qui correspondrait de plus en plus à la réalité observable, ce modèle est défini par :

$$
\begin{aligned}
\frac{dx}{dt} &= 10(y - x) \\
\frac{dy}{dt} &= x(28 - z) - y \\
\frac{dz}{dt} &= xy - \frac{8}{3}z.
\end{aligned}
\tag{2.1}
$$

C'est alors par une journée d'hiver 1961 que Lorenz a fourni a son ordinateur une série de données, celui-ci avait imprimé ses résultats quelques heures plus tard. Lorenz a donc examiné ces résultats et a décidé de refaire une seconde passe pour s'assurer de leurs exactitudes, mais plutôt que d'introduire ses données avec leurs six décimales, il n'en garda que trois, persuadé que de petites incertitudes au départ ne pouvaient engendrer que de petites incertitudes à l'arrivée. Il examina de nouveaux les résultats et crut que l'un de ses tubes à vide avait flanché une fois de plus : si au départ les résultats étaient semblables à ceux de la première passe, ils en divergeaient très vite. Les premiers pouvaient présenter une tempête sur le pôle nord et les seconds une sécheresse sous les tropiques. Seulement, les tubes à vide étaient intacts, il comprit alors que la divergence des résultats ne pouvait s'expliquer que par la présence de termes non linéaires dans les équations. Certains phénomènes dynamiques non linéaires sont si sensibles aux conditions initiales que, même s'ils sont régis par des lois parfaitement déterministes, les prédictions exactes sont impossibles, des phénomènes chaotiques sont susceptibles de se produire.

D'où la célèbre clause :

«Un simple battement d'ailes d'un papillon au Brésil peut déclencher une tornade au Texas».

Lorenz a donc découvert des propriétés chaotiques à son modèle. Ce qui a rendu célèbre cette découverte, c'est une conférence qu'il donna devant le grand public du congrès de l'association américaine pour l'avancement des sciences ; quant au terme « chaos », il a été proposé par les scientifiques T.-Y. Li et J.Yorke, en 1975.

2.5   Chaos [18][19]

Un comportement chaotique peut être observé dans différents phénomènes naturels (météo, évolution d'une population, battement cardiaque, réaction chimique,...etc), il se distingue par sa sensibilité aux conditions initiales qui le rend imprévisible à long terme, il est également apériodique, borné et déterministe.

Ce comportement reste tout de même ambigu et très intéressant à la fois, puisqu'il prend place dans différents domaines, notamment celui de la sécurité.

Il y a de nombreuses définitions du chaos, différentes suivant les auteurs (chaos au sens de Ruette, de Li-yorke,etc.), nous adoptons dans cette section celle au sens de Devaney.

Définition 2.6 *Une fonction $f : I \rightarrow I$ est dite chaotique sur l'ensemble I si :*

f est sensible aux conditions initiales.

f est topologiquement transitive.

Les points périodiques de f sont denses dans I.

Exemple 2.2 *Soit S^1 le cercle unité appartenant à un plan, un point dans S^1 est défini par son angle θ mesuré en radians, de là, un point peut être défini par n'importe quel angle $\theta + 2k\pi$ tel que k est un entier naturel. Supposons maintenant l'application $g : S^1 \rightarrow S^1$ définie par $g(\theta) = 2\theta$. g est sensible aux conditions initiales, puisque la distance entre deux points initialement proches est doublée après chaque itération. Elle est aussi topologiquement transitive, puisqu'un petit arc de S^1 s'étend après quelques itérations pour enfin recouvrir S^1 dans sa totalité et en particulier d'autres petits arcs de S^1. $g^n(\theta) = 2^n\theta, \theta$ est un point périodique de période n si et seulement si $2^n\theta = \theta + 2k\pi$, i.e., si et seulement si, $\theta = \frac{2k\pi}{(2^n-1)}$ où $2 \preceq k \preceq 2^n$ est un entier. Si cette condition est réalisée f admettra $(2^n - 1)$ points périodiques. L'ensemble des points périodiques et donc dense dans S^1. En conclusion, l'application g est chaotique.*

2.6   Géométrie fractale [14][22] [20][21]

Le terme 'fractale' est un néologisme créé par Benoît Mandelbrot en 1974. A son sens, une fractale est une figure géométrique ou un objet naturel qui combine les caractéristiques suivantes :

a) Elle est exactement ou statistiquement autosimilaire 'self-similar', ce qui veut dire que ses parties ont la même structure que le tout, à ceci près qu'elles sont à une échelle différente et peuvent être légèrement déformées.

30

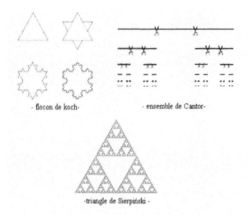

· flocon de koch·   · ensemble de Cantor·

·triangle de Sierpiński ·

Fig. 2-1 – Images fractales

b) Sa forme est extrêmement irrégulière ou fragmentée et ne peut être décrite en termes géométriques traditionnels.

c) Elle contient des éléments discernables dans une large gamme d'échelles.

Il existe différentes constructions mathématiques de fractales, telles que les ensembles de Julia et de Mandelbrot, la fractale de Lyapunov, l'ensemble de Cantor, le tapis de Sierpinski, le triangle de Sierpinski ou le flocon de Koch. Ces constructions se font toutes par étapes. Prenons à titre d'exemple l'ensemble de Cantor parfois appelé poussière de Cantor, nous le construisons de manière itérative à partir du segment initial en enlevant le tiers central ; puis en réitérant l'opération sur les deux segments restants de longueur $\frac{1}{3}$ chacun, et ainsi de suite. Ainsi, à chaque étape n, la longueur totale de l'ensemble vaut $\left(\frac{2}{3}\right)^{(n-1)}$.

La figure 2-1 montre quelques exemples d'images (objets) fractales.

Une image fractale se caractérise par sa dimension. Dans le sens commun, la notion de dimension renvoie à la taille, elle peut être également définie comme étant le nombre de variables nécessaires pour définir un état appartenant à un espace. Quant à la dimension fractale, elle s'exprime de manière un peu plus complexe à l'aide de la dimension de Hausdorff comme suit :

$$D = \frac{Log N}{Log \epsilon} \tag{2.2}$$

Où l'image fractale en question est formée de N exemplaires dont la taille a été réduite d'un facteur

31

ϵ et où la dimension obtenue D est un réel positif.

Si nous appliquons cette définition aux différentes images fractales, nous obtenons les résultats suivants :

Objet	N	ϵ	D
Ensemble de Cantor	2	3	0.631
Flocon de Koch	4	3	1.262
Le triangle de Sierpinski	3	2	1.585

2.7   Notion d'attracteur [17]

Pour bien comprendre l'évolution d'un système dynamique, il faut tout d'abord l'observer, et par la suite en faire une figure. Henri Poincaré a donc pensé à créer un espace de phases dont la dimension correspond à l'ensemble des variables caractérisant le système. Pour un instant donné, le système est caractérisé par un point de cet espace, à l'instant suivant il sera caractérisé par un autre point et ainsi de suite. Cet ensemble de points montre graphiquement l'évolution du système en fonction du temps. Si ce système tend vers un état d'équilibre, ce point de l'espace des phases vers lequel convergeront tous les points représentant les différents états du système est appelé attracteur. De même, pour un système périodique, il retrouve périodiquement les mêmes états, ces états finiront par décrire une figure régulière, dans ce cas la figure devient l'attracteur. Cependant, si le système évolue de façon totalement imprévisible. Les points représentant ses différents états se répartissent au hasard dans l'espace des phases. Dans ce cas il n'y a pas d'attracteur.

2.8   Attracteur étrange de Lorenz

Si Poincaré a eu l'idée d'étudier l'évolution d'un système dynamique en utilisant l'espace des phases, Lorenz, lui, a pu mettre en pratique cette théorie à l'aide de son ordinateur.

En effet, Lorenz a décidé de résoudre son modèle simplifié et de le représenter graphiquement en prenant comme conditions initiales : $x(0) = 5, y(0) = 5, z(0) = 5$. Il a calculé ensuite l'évolution de son système météorologique et a observé la figure 2-2 qui se constituait très lentement.

Cette figure fractale, qualifiée par le physicien David Ruelle d'attracteur étrange, a un aspect semblable à celle d'un papillon aux deux ailes déployées, les points représentant les états successifs du système suivent un mouvement d'étirement et de repliement dans l'espace des phases. Ils partent ainsi sur la droite, décrivent une sorte de boucle, repartent sur la gauche, décrivent quelques boucles à peu près mais pas tout à fait dans le même plan, à peu près mais pas tout à fait concentrique, puis repartent vers la

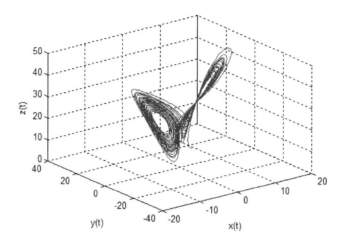

FIG. 2-2 – Attracteur de Lorenz

boucle de droite pendant quelques trajectoires et ainsi de suite. La suite des points basculait d'une boucle à l'autre sans jamais refaire une même trajectoire.

Afin de confirmer sa première théorie, Lorenz a voulu refaire la représentation graphique de son modèle mais en prenant cette fois des conditions initiales très voisines aux précédentes. Comme il pouvait s'en douter, les points de départ étaient très proches puis divergeaient de plus en plus de la première trajectoire tout en restant sur le même attracteur.

2.9   Section de Poincaré [23]

Parmi les nombreuses contributions d'Henri Poincaré dans l'étude des systèmes chaotiques nous trouvons les sections de Poincaré. Réaliser une section de Poincaré permet de passer d'un système dynamique à temps continu à un système dynamique à temps discret. Les mathématiciens ont bien sûr démontré que les propriétés du système chaotique d'origine sont conservées si la section est judicieusement choisie.

La méthode à suivre dépend du type de la section réalisée, la plus simple consiste à couper la trajectoire dans l'espace des phases par un plan dans le cas d'un système à trois dimensions ou par une droite dans le cas d'un système à deux dimensions. Prenons comme exemple le modèle de Rossler à trois degrés de

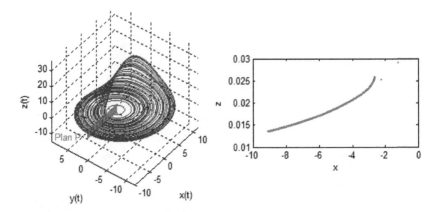

FIG. 2-3 – Intersection de la trajectoire de l'attracteur de Rossler avec un plan P d'équation $y = 0(x \leq 0)$

liberté, décrit par le système d'équations suivant :

$$\begin{aligned}
\frac{dx}{dt} &= -(y+z) \\
\frac{dy}{dt} &= x + 0.2y \\
\frac{dz}{dt} &= 0.2 + z(x - 5.7)
\end{aligned} \qquad (2.3)$$

La figure 2-3 montre les différentes intersections de la trajectoire de l'attracteur de Rossler avec un plan P d'équation $y = 0(x \leq 0)$.

Si nous observons ces intersections, nous pouvons constater qu'il faudrait étudier les deux suites : $(x_t)_{t \in N}$ et $(z_t)_{t \in N}$. Nous pouvons cependant nous restreindre à l'étude de la suite $(-x_t)_{t \in N}$, l'opposée de la suite $(x_t)_{t \in N}$, puisque toutes les valeurs de $(x_t)_{t \in N}$ sont négatives.

La figure 2-4(a) montre que l'évolution de la suite $(-x_t)_{t \in N}$ est clairement chaotique. La section de Poincaré a donc bien conservé les propriétés du système d'origine.

La figure 2-4(b) représente l'évolution de $-x_{t+1}$ en fonction de x_t, la courbe obtenue est assimilable à une parabole. La fonction qui à x_t associe x_{t+1} peut être approximée par une fonction polynomiale.

Une autre façon de réaliser une section de Poincaré consiste à regarder la suite des maximums successifs de l'une des grandeurs du système. Les résultats que nous pourrons obtenir dans ce cas ne seront pas les mêmes que ceux obtenus précédemment dans la figure 2-4, toutefois, les similitudes se trouvent au delà des apparences.

Nous pouvons parfaitement imaginer que l'un des modèles chaotiques discrets décrits plus bas soit la

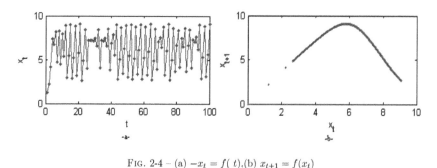

Fig. 2-4 – (a) $-x_t = f(t)$.(b) $x_{t+1} = f(x_t)$

conséquence directe d'une section de Poincaré appliquée à un des modèles chaotiques continus, il suffit juste de démontrer que les paramètres concordent.

2.10 Différents modèles chaotiques discrets

Peu après la découverte des modèles à temps continus de Lorenz et de Rossler, d'autres modèles mathématiques continus décrivant un comportement asymptotique chaotique ont apparu. Toutefois la tendance actuelle est aux modèles chaotiques discrets, puisqu'ils permettent un temps de génération plus court : suites logistiques, application d'Arnold, Application de Hénon... etc. Une brève description de chacun de ces modèles mathématiques discrets va suivre.

2.10.1 Application "Chat" d'Arnold

C'est une application linéaire définie sur le tore T^2 : $[0; 1].[0; 1]$ vers lui même, telle que :

$$
\begin{aligned}
x_{t+1} &= (2x_t + y_t) \bmod 1 \\
y_{t+1} &= (x_t + y_t) \bmod 1
\end{aligned}
\tag{2.4}
$$

Elle décrit une dynamique chaotique avec un phénomène d'étirement et de repliement. Ainsi, des points initialement proches, se retrouvent séparés par une plus grande distance après quelques itérations. Son comportement a été découvert par le mathématicien russe Vladimir Arnold en 1960 et cela après qu'il l'ait appliqué sur l'image d'un chat, d'où sa désignation. Une des propriétés de cette application est que l'image retrouvera sa forme d'origine après un certain nombre d'itérations.

2.10.2   Application de Hénon [24]

L'application de Hénon a été établie en 1976 par l'astronome français Michel Hénon. Ce modèle non linéaire est le résultat d'une simplification des équations à temps continu de Lorenz. Il peut se présenter sous différentes formes, dont celle à deux dimension définie par :

$$\begin{aligned}
x_{t+1} &= y_t + 1 - ax_t^2 \\
y_{t+1} &= bx_t
\end{aligned} \tag{2.5}$$

Cette application est une bijection du tore T^2 dans lui-même, où a et b constituent les paramètres de contrôle de l'application, le choix de ces paramètres influence énormément la forme de l'attracteur. Pour $a = 1.4$ et $b = 0.3$, la dynamique présente un attracteur étrange de nature fractale.

2.10.3   Fonction et suite logistique [14]

Le modèle logistique a été étudié par le mathématicien belge Pierre François Verhulst en 1845. La version énoncée ici est une modélisation discrète de l'évolution d'une population naturelle et admet un comportement chaotique pour certains paramètres. Elle est définie par une condition initiale $x_0 \in [0;1]$ et par une suite récurrente telle que $x_{t+1} = f(x_t)$ où f est la fonction logistique définie comme suit :

$$f : \begin{aligned} [0;1] &\to [0;1] \\ x &\longmapsto Rx(1-x) \end{aligned} \tag{2.6}$$

$R \in [0;4]$,les valeurs du paramètre R qui se trouvent en dehors de cet intervalle sont exclues, car elles conduisent à des valeurs de la population x situées en dehors de l'intervalle acceptable $[0;1]$ puisque x représente le pourcentage de l'effectif maximum dans le territoire donné.

2.11   Etude des temps de génération des modèles chaotiques discrets

Un de nos objectif est de permettre une transmission de données sécurisée en un moins de temps possible. Dans ce cas précis, un millième de seconde peut être très compromettant. Il est alors indiqué d'utiliser comme générateur de séquences chaotiques l'application discrète la plus optimale possible en terme de temps de génération.

Plusieurs simulations sous Matlab ont été réalisées afin de comparer le temps de génération de chacune des applications discrètes citées plus haut et cela pour un même nombre d'itération $N = 300$.

Le tableau suivant regroupe l'ensemble des résultats obtenus :

	Conditions initiales	Temps de génération (s)
Suite logistique	$x_0 = 0.01$	0.015
Application d'Arnold	$x_0 = 0.01$ et $y_0 = 0.01$	0.094
Application de Hénon	$x_0 = 0.01$ et $y_0 = 0.01$	0.017

La suite logistique permet le temps de génération le plus court, elle sera donc étudiée et utilisée par la suite comme générateur de séquences chaotiques dans notre algorithme de cryptage et de décryptage (chapitre IV).

2.12   Etude des suites logistiques

2.12.1   Historique [14]

Au tout début, des biologistes férus de mathématiques ont commencé par modéliser l'évolution au cours du temps d'une population vivant sans prédateurs extérieurs et trouvant sa nourriture en abondance. Le modèle le plus simple se présentait sous la forme d'une équation aux différences finies linéaire : un schéma malthusien présentant une démographie croissant indéfiniment, sans aucune contrainte, tel que :

$$N_{t+1} = RN_t \tag{2.7}$$

Où R est le facteur de croissance.

Ce modèle reste très peu réaliste, puisqu'il ne tient pas compte des facteurs qui freinent la croissance d'une population (guerre, maladies, épidémie, inflation, malnutrition. . .). Pour remédier à cela, quelques modifications ont été apportées à l'équation 2.7. Le résultat obtenu correspond à l'équation aux différences finies non linéaire suivante :

$$N_{t+1} = (R - bN_t)x_t = RN_t - bN_t^2 \tag{2.8}$$

Cette équation comporte deux paramètre R et b qui varient indépendamment. Où b est un facteur de freinage positif qui gouverne la diminution du taux de croissance R de la population quand celle-ci devient trop importante.

Par un changement de variable $x_t = b\frac{N_t}{R}$, la dynamique ne dépendra que d'un seule paramètre, l'équation obtenue est la suivante :

$$x_{t+1} = Rx_t(1 - x_t) \tag{2.9}$$

Cette équation, dite suite logistique, révèle différents comportements pour différentes valeurs de R.

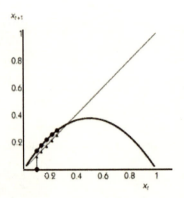

FIG. 2-5 – Itération cobweb pour $x_{t+1} = 1.5x_t(1 - x_t)$

Sa résolution peut se faire soit par itérations successives en remplaçant la population ancienne par la nouvelle population calculée, soit par la méthode Cobweb.

2.12.2   La méthode Cobweb [14]

En dehors des différentes méthodes d'itération habituelles, telles que l'itération algébrique et numérique avec lesquelles nous sommes très familiers. La méthode Cobweb représente un autre type d'itération, Celle-ci se base sur de simples méthodes graphiques qui permettent de visualiser le comportement d'une suite.

Prenons le cas de la suite logistique, il est usuel de représenter la courbe de l'équation 2.9 accompagnée de la première bissectrice du plan (droite d'équation $y = x$). La condition initiale $x_0 = a$ étant prise en abscisse, le point correspondant de la courbe a pour ordonnée $x_1 = f(x_0)$. En prenant alors appui sur la première bissectrice, nous pouvons reporter x_1 en abscisse puis reprendre le même processus afin de déterminer x_2, x_3.....C'est de cette façon que nous parvenons à la figure 2-5, pour $a = 0.1$.

2.12.3   Points fixes (états stables) [14]

Les états d'équilibre d'un système correspondent aux solutions stationnaires du système, tels que $x_{t+1} = x_t$. La recherche d'états stables se fait de manière similaire à la recherche de points fixes dans le cas d'une fonction mathématique.

Proposition 2.1 *Soit $f : [a, b] \rightarrow R$ une fonction de classe C^1. Si une suite récurrente $x_{t+1} = f(x_t)$*

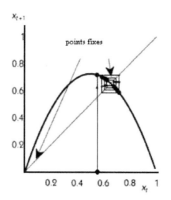

FIG. 2-6 – Itération de $x_{t+1} = 2.9x_t(1 - x_t)$

converge vers un point x_t^*, ce dernier est appelé point fixe, tel que : $F(x_t^*) = x_t^*$.

Remarque 2.1 *Dans le cas d'une équation aux différences finies linéaire, $x_{t+1} = Rx_t$, nous avons un seul point fixe se trouvant à l'origine $x_t = 0$, seul point d'intersection entre la droite $x_{t+1} = x_t$ et la fonction $x_{t+1} = Rx_t$.*

Une équation aux différences finies non linéaire peut avoir plusieurs points fixes.

La recherche de points fixes à partir d'un graphe se fait sans difficulté, il suffit de chercher les points d'intersection entre la courbe qui représente la fonction $x_{t+1} = f(x_t)$ et la droite $x_{t+1} = x_t$. Comme le montre aisément la figure 2-6.

2.12.4 Stabilité d'un point fixe [14]

Une fois les points fixes déterminés, se pose la question de leurs stabilités (ie : stabilités des états d'équilibres correspondants).

Proposition 2.2 *Un point fixe x^* est dit stable, si à partir d'une condition initiale se trouvant au voisinage proche du point fixe $[x^* - \alpha; x^* + \alpha]$ avec $\alpha > 0$, les itérations finissent par s'en rapprocher.*

Une méthode générale peut être utilisée pour déterminer la stabilité d'un point fixe dans le cas des équations aux différences finies à une seule variable. Cette méthode se fait en deux étapes :

Etape1 : calculer la pente m de la fonction $f(x_t)$ pour chaque point fixe trouvé précédemment. Telle que :

$$m = \left[\frac{df}{dx_t}\right]_{x^*} \tag{2.10}$$

Etape2 : la valeur de la pente correspondant à chaque point fixe permet de déterminer sa stabilité :

$1 < m$: point fixe instable, croissance exponentielle monotone.

$|m| = 1$: la convergence de la suite est possible, mais non assurée, et si elle a lieu, elle est lente.

$0 < m < 1$: point fixe stable, approche monotone (convergence en escalier).

$m = 0$: le point fixe est super-stable, dans ce cas la convergence de la suite est rapide.

$-1 < m < 0$: point fixe stable, approche oscillatoire (convergence en escargot).

$m < -1$: point fixe instable, croissance exponentielle oscillatoire.

Remarque 2.2 *Si plusieurs points fixes sont localement stables, nous parlons alors de multi-stabilité.*

2.12.5 Cycles [25] [14] [18][26]

Un cycle correspond à un schéma qui se répète continuellement. La période 'ordre' d'un cycle se définit par le laps de temps écoulé entre deux répétitions successives. Il existe une dépendance entre la notion de cycles et de points périodiques, en effet, à un cycle de période n est associé n points périodiques.

Définition 2.7 *Soit $I = [a, b]$ un intervalle et soit $f : I \to I$ une fonction continue. Rappelons qu'un point $x \in I$ est dit périodique de période n pour f s'il vérifie $f^n(x) = x$ tel que $f^k(x) \neq x$ pour $0 < k < n$. L'ensemble $x_0 = x, x_1 = f(x), ..., x_k = f^k(x), ..., x_{n-1} = f^{n-1}(x)$ est un cycle de période n pour la fonction f.*

Remarque 2.3 *Quelques uns des points périodiques d'un cycle de période n correspondent à des points périodiques de cycle de période inférieure, ces derniers ne doivent pas être pris en compte.*

Théorème 2.1 *(Li et yorke, période 3 implique chaos) Si $f : [0; 1] \to [0; 1]$ est une application continue ayant un point périodique de période 3, alors elle a des points périodiques de toutes périodes.*

Définition 2.8 *On appelle ordre de Sarkovskii sur N^* l'ordre $\lhd$ défini comme suit : $3 \lhd 5 \lhd 7 \lhd 9 \lhd ... \lhd 2.3 \lhd 2.5 \lhd 2.7 \lhd ... \lhd 2^n.3 \lhd 2^n.5 \lhd ... \lhd 2^{n+1}.3 \lhd 2^{n+1}.5 \lhd ... \lhd 2^n \lhd 2^{n+1} \lhd ... \lhd 4 \lhd 2 \lhd 1$ et c'est un ordre total.*

Théorème 2.2 *(Sarkovskii) Soit $f : [0; 1] \to [0; 1]$ une application continue ayant un point périodique de période n. Alors pour tout m vérifiant $n \lhd m$, f admet un point périodique de période m. Le premier théorème est donc une conséquence immédiate de ce dernier.*

Remarque 2.4 - *Si f a un point périodique de période différente d'une puissance de 2 alors f admet nécessairement une infinité de points périodiques.*

- Si f a un nombre fini de points périodiques, ces derniers doivent nécessairement être de période égale à une puissance de 2.

- La période 3 est la plus grande "greatest" période suivant l'ordre de Sarkovskii, elle implique toutefois l'existence de toutes les autres périodes.

- Il existe des applications qui ont des points périodiques de période p et aucun autre point périodique de période supérieur, suivant l'ordre de Sarkovskii.

2.12.6 Stabilité d'un cycle [14]

Tout comme un point fixe, un cycle peut être stable ou instable. Un cycle est dit stable si en partant d'une condition initiale suffisamment proche d'un des points du cycle, les itérations successives de la suite finissent par converger vers ce cycle. En d'autres termes, la suite se rapproche alternativement des n valeurs du cycle.

Définition 2.9 *Soit $f : I \rightarrow I$ une fonction de classe C^1 et soit $x_0, x_1, ..., x_{n-1}$ un cycle de période n de f . Nous avons, pour tout i allant de 0 à $n-1$:*

$$\left[\frac{df^n}{dx_t}\right]_{x_i} = \left[\frac{df}{dx_t}\right]_{x_0} \left[\frac{df}{dx_t}\right]_{x_1} ... \left[\frac{df}{dx_t}\right]_{x_{n-1}} \tag{2.11}$$

Le cycle de période n est stable, si cette quantité est $\prec 1$ en valeur absolue.

Le cycle de période n est dit super-stable si $\left[\frac{df^n}{dx_t}\right]_{x_i} = 0$, dans ce cas la convergence de la suite vers ce cycle est rapide.

2.12.7 Etude analytique [14]

La recherche d'états stables et de cycles nous a permis de découvrir les différents types de comportements que pouvait avoir la suite logistique. Dans cette optique, une résolution mathématique ainsi que des simulations sous Matlab ont été réalisées. Dans ce qui suit, f est la fonction logistique.

Etat stable

Les points fixes de f sont 0 et $\frac{R-1}{R}$, où 0 est stable si et seulement si $R < 1$, particulièrement super-stable si $R = 0$, instable si $R > 1$ et douteux pour $R = 1$. De même pour le second point fixe, il est stable pour $1 < R < 3$, particulièrement super-stable pour $R = 2$, douteux pour $R = 1$ et $R = 3$, instable pour $R > 3$.

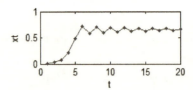

FIG. 2-7 – Evolution vers un état stable, approche oscillatoire, $xt = 2.9xt(1 - xt)$

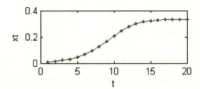

FIG. 2-8 – Evolution vers un état stable, approche monotone, $xt = 1.5xt(1 - xt)$

En résumé, pour $0 \leq R < 3$, la suite converge toujours vers un point fixe. Le type de convergence dépend de la valeur de R, elle est en escargot pour $2 < R < 3$ et monotone pour $0 \leq R \leq 2$.

Exemple 2.3 *Pour $R = 2.9$, la suite évolue vers un état stable suivant une approche oscillatoire(figure 2-7).*

Pour $R = 1.5$, la suite évolue vers un état stable suivant une approche monotone (figure 2-8).

Cycle périodique

Au delà de 3, le point fixe $\frac{R-1}{R}$ devient instable et laisse apparaître un cycle périodique de période égale à 2, les calculs ont montré que le cycle est stable pour $3.0000 \leq R < 3.4495$, particulièrement super-stable pour $R = 3.2360$ et instable pour $R > 3.4495$.

Exemple 2.4 $R = 3.3$, *au bout de quelques itérations la solution est alternée entre deux valeurs $x_t = 0.48$ et $x_{t+1} = 0.82$, ce cycle stable a une période égale à 2 (figure 2-9).*

Pour $R > 3.4495$ le cycle d'ordre 2 n'est plus stable et fait place à un cycle stable d'ordre 4. De façon générale, tant que $R < 3.57$, des cycles d'ordres supérieurs (2^n) se succèdent et passent de l'état stable à l'état instable suivant l'ordre de Sarkovskii. L'intervalle des valeurs de R conduisant à un plus grand nombre d'oscillations décroît rapidement. La recherche de ces cycles se fait de manière similaire, toutefois, les équations algébriques deviennent plus complexes à mesure que l'ordre du cycle devient important.

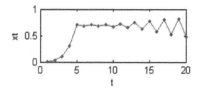

FIG. 2-9 – Evolution vers un cycle de période 2, $x_{t+1} = 3.3x_t(1 - x_t)$

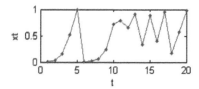

FIG. 2-10 – Comportement chaotique, $x_{t+1} = 4x_t(1 - x_t)$

Comportement chaotique

Au delà de $R = 3.57$, les cycles d'ordre (2^n) sont tous instable et laissent apparaître un comportement apériodique, en effet, pour $3.57 < R \leq 4$; à quelques valeurs près, nous remarquons des oscillations irrégulières qui ne suivent ni une croissance (respectivement décroissance) exponentielle, ni un état stable. Ce comportement est dit chaotique.

Exemple 2.5 *Pour $R = 4$, le comportement est chaotique (figure 2-10).*

Cycle périodique d'ordre 3

Au milieu du chaos, on voit parfois apparaître de nouveaux cycles périodiques mais cette fois-ci de période 3, la suite logistique admet des points de période 3 pour $3.82842 \leq R \leq 4$ et donc aussi des points périodiques de toutes périodes en vertu du théorème de Sarkovskii.

Exemple 2.6 *Pour $R = 3.84$, la solution de la suite montre un cycle de période 3, comme sur la figure 2-11 .*

Intermittence

Le phénomène d'intermittence se déroule dans la zone de chaos, qui se trouve à proximité d'un cycle d'ordre 3, il correspond à l'alternance d'une dynamique régulière entrecoupée de phases irrégulières de

43

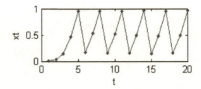

FIG. *2-11 – Evolution vers un cycle de période 3 : $x_{t+1} = 3.84x_t(1 - x_t)$*

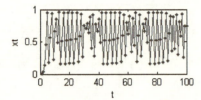

FIG. *2-12 – Intermittence entre un cycle de période 3 et le chaos : $x_{t+1} = 3.825x_t(1 - x_t)$*

durées imprédictibles, durant lesquelles la dynamique du système est elle aussi imprédictible.

Exemple 2.7 *La figure 2-12 représente une superposition de chaos et de phases régulières (cycle d'ordre 3) pour $R = 3.825$, dans ce cas précis, il nous a fallu réaliser plusieurs itérations ($N = 100$) pour visualiser correctement ce phénomène.*

Diagramme de Bifurcation[16]

Le passage d'un comportement à un autre, suivant le changement de la valeur de R est appelé bifurcation. Il existe différents types de bifurcation. Pour l'équation aux différences finies linéaire : $x_{t+1} = Rx_t$, le point $R = 1$ marque un changement de comportement (d'une décroissance vers 0 à une croissance exponentielle), pour cette raison, ce point est nommé point de bifurcation.

De même, pour une équation aux différences finies non linéaires et tout particulièrement pour une suite logistique dans le cas de notre étude, nous remarquons une séquence de bifurcations (point fixe stable, cycle périodique stable, chaos). En effet, il existe des valeurs de R à partir desquelles le diagramme se divise en deux. Ce qui se traduit au niveau de la suite par l'apparition de cycles et par des doublements de période d'oscillation.

Une estimation des valeurs de R pour des bifurcations successives nous donne les résultats suivants :

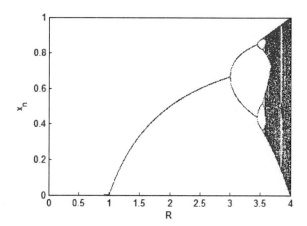

FIG. 2-13 – Diagramme de bifurcation

$3.0000 < R < 3.4495$: il y a un cycle stable de période 2.

$3.4495 < R < 3.5441$: il y a un cycle stable de période 4.

$3.5441 < R < 3.5644$: il y a un cycle stable de période 8.

$3.5644 < R < 3.5688$: il y a un cycle stable de période 16.

Tant que R s'approche de 3.570, il y a des cycles stables de période (2^n) .la valeur de cette période s'accroît au fur et à mesure que R approche 3.570.

Pour des valeurs de $R > 3.570$, l'intervalle des solutions périodiques devient de plus en plus étroit et fait place à un comportement apériodique, laissant apparaître de temps à autre un cycle d'ordre 3.

Afin de mieux visualiser l'évolution de la suite logistique vers le chaos, nous mettons en place un graphique (figure 2-13) à deux dimensions, où figurent en abscisses les valeurs de R et en ordonnées les valeurs de la suite au voisinage de l'infini.

Constante de Feigenbaum

Les nombres de Feigenbaum ou constantes de Feigenbaum sont deux nombres réels découverts par Mitchell Feigenbaum en 1975. En effet, ce mathématicien a remarqué que le motif général de la suite se répétait à chaque bifurcation, à un facteur d'échelle près (figure 2-14).Le diagramme de bifurcation est alors auto-similaire. Il utilisa donc un procédé de renormalisation qui consiste à agrandir les parties de plus en plus petites du graphe et de comparer ces grossissements au motif original.

La première constante obtenue intervient horizontalement, elle est définie comme la limite du rapport de deux intervalles successifs de bifurcation, sa valeur est d'environ :

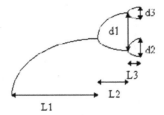

FIG. 2-14 – Procédé de renormalisation.

$$\frac{L1}{L2} \approx \frac{L2}{L3} \approx 4.67. \tag{2.12}$$

La deuxième constante intervient verticalement cette fois ci, elle est définie comme la limite du rapport de deux distances successives entre les branches les plus proches :

$$\frac{d1}{d2} \approx \frac{d2}{d3} \approx 2.5. \tag{2.13}$$

Nous retrouvons ces constantes dans un grand nombre de phénomènes liés aux systèmes dynamiques, tels que : l'hydrodynamique, l'électronique, l'acoustique et le laser, ils ont donc un caractère universel, au même titre que le nombre π.

2.12.8   Etude des propriétés statistiques [14]

Il s'agit maintenant d'étudier les propriétés statistiques d'une série temporelle chaotique 'séquence chaotique' $x_1, x_2, ... x_N$, générée par l'équation 2.9 et cela pour des paramètres permettant un comportement chaotique (figure 2-10). Cette étude se résume à calculer la moyenne, l'écart type, le coefficient de corrélation linéaire et le coefficient d'autocorrélation.

Moyenne

La moyenne d'une série temporelle est le quotient de la somme de toutes les mesures par l'effectif total telle que :

$$M = \frac{1}{N} \sum_{t=1}^{N} x_t \tag{2.14}$$

La valeur de M est la plus proche de toutes les mesures effectuées. Dans le cas de notre série temporelle

$M = 0.5002074$. Cette valeur servira par la suite à calculer les fluctuations autour de la moyenne, le coefficient de corrélation linéaire et le coefficient d'autocorrélation.

Ecart type

La dispersion d'une série temporelle $x_1, x_2, ...x_N$ correspond aux fluctuations de la série autour de la moyenne M, telle que :

$$V_t = x_t - M \tag{2.15}$$

Plus les valeurs de la série seront éloignées de la moyenne et plus l'écart V_t sera plus important.

La variance d'une série correspond à la moyenne des carrées des écarts à la moyenne de la série temporelle, autrement dit, c'est la moyenne de la série des $(x_t - M)^2$, telle que :

$$\sigma^2 = \frac{1}{N} \sum_{t=1}^{N} V_t^2 = \frac{1}{N} \sum_{t=1}^{N} (x_t - M)^2 \tag{2.16}$$

La racine de la variance, σ, représente l'écart type. Si nous appliquons cette définition sur notre série temporelle, nous obtenons une variance $\sigma^2 = 0.1244128$ et un écart type $\sigma = 0.3527219$.

Coefficient de Corrélation linéaire et d'autocorrélation

La moyenne et l'écart type permettent de caractériser les fluctuations. Ces deux statistiques ne dépendent pas de l'ordre dans lequel les données apparaissent. En effet, quelque soit l'ordre, la moyenne et l'écart type ont toujours la même valeur. Cette propriété nous empêche donc de les utiliser pour déterminer si oui ou non les fluctuations sont dépendantes les unes des autres.

Le coefficient de corrélation linéaire permet de quantifier l'intensité de la relation entre deux fluctuations consécutives, il est défini par :

$$\rho_{est} = \frac{\sum_{t=1}^{N-1} V_{t+1} V_t}{\sum_{t=1}^{N-1} V_t V_t} \tag{2.17}$$

La valeur du coefficient de corrélation ρ_{est} est comprise entre -1 et $+1$. Plus elle s'éloigne du zéro, plus forte est la corrélation. Nous distinguons les cas suivants :

$\rho_{est} = 1$: corrélation positive parfaite.

$\rho_{est} = -1$: corrélation négative parfaite.

$\rho_{est} = 0$: absence totale de corrélation.

Les graphiques de dispersion, tels montrés sur la figure 2-15, peuvent être utilisés pour vérifier l'existence de corrélation. Leur principe consiste à porter l'ensemble des données sous forme de points, ces

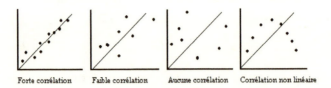

| Forte corrélation | Faible corrélation | Aucune corrélation | Corrélation non linéaire |

FIG. 2-15 – Estimation de la corrélation à l'aide des graphiques de dispersion

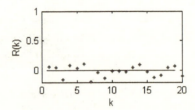

FIG. 2-16 – Fonction d'autocorrélation $R(k)$ de la séquence générée

points décrivent des nuages dont la forme renseigne sur la corrélation.

Plus le nuage de points se regroupe autour d'une ligne, plus la corrélation est forte. Si au contraire le nuage est diffus couvrant ainsi une grande surface, il est peu probable qu'il y ait corrélation.

Nous pouvons généraliser l'expression du coefficient de corrélation linéaire afin d'étudier la relation entre V_{t+k} et V_t. Le résultat obtenu est appelé fonction d'autocorrélation. Elle est définie par :

$$R(k) = \frac{\sum_{t=1}^{N-k} V_{t+k} V_t}{\sum_{t=1}^{N-k} V_t V_t} \tag{2.18}$$

Si nous considérons la série temporelle définie plus haut, le coefficient de corrélation linéaire correspondant est : $\rho_{est} = 0.0546775$, cette valeur est très proche de zéro, ce qui implique qu'il n'existe pas de corrélation entre les fluctuations.

Le résultat de la fonction d'autocorrélation pour différentes valeurs du paramètre k est montré sur la figure 2-16.

La fonction d'autocorrélation se situe elle aussi au alentour de zéro. Afin de confirmer ces résultats, nous avons réalisé un graphique de dispersion représentant un nuage de points des fluctuations autour de la moyenne : V_{t+1} en fonction de V_t, comme sur la figure 2-17.

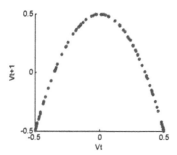

FIG. 2-17 – Nuage de points des fluctuations autour de la moyenne M, V_{t+1} en fonction de V_t

Le schéma obtenu semble contradictoire aux résultats précédents ($\rho_{est} = 0.0546775$), puisqu'il indique la présence de corrélation non linaire. Cela peut s'expliquer par le fait que le coefficient de corrélation linéaire ne permet pas de révéler la présence d'une corrélation non linéaire.

2.12.9 Etude des propriétés chaotiques [14]

Le chaos est défini comme étant borné, déterministe, apériodique et très sensible aux conditions initiales. Dans cette section nous allons voir globalement chacune de ces caractéristiques pour enfin les étudier, plus précisément, pour des séries temporelles chaotiques générées par des suites logistiques.

Sensibilité aux conditions initiales-Exposant de Lyapunov

Si le concept de chaos n'a vu le jour qu'avec le célèbre papillon d'E.N. Lorenz en 1963 et si le mot même de chaos n'est introduit dans la littérature scientifique qu'en 1975 par Li et yorke dans un article intitulé « Period three implies chaos », c'est bien à la fin du $XIXe$ siècle qu'Henri Poincaré a découvert le phénomène de sensibilité aux conditions initiales dans des travaux concernant le problème à N corps en mécanique céleste et en donna la première définition :

« Il peut arriver que de petites différences dans les conditions initiales en engendrent de très grandes dans les phénomènes finaux. Une petite erreur sur les premières produirait une erreur énorme sur les dernières. La prédiction devient alors impossible ».

H. Poincaré

C'est bien cette sensibilité aux conditions initiales qui est responsable de l'imprédictibilité des phénomènes chaotiques, comme celui de la météorologie. Les courbes trajectoires de systèmes dynamiques chaotiques évoluent dans l'espace des phases et s'écartent à la moindre petite perturbation.

La figure 2-18 montre deux itérations de l'équation 2.9 pour $R = 3.82$ avec deux conditions initiales

49

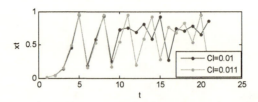

FIG. 2-18 – Sensibilité aux conditions initiales, $x_{t+1} = 3.82x_t(1 - x_t)$.

différentes de 10^{-2}. Nous remarquons alors que les trajectoires s'éloignent l'une de l'autre jusqu'à devenir rapidement distinctes.

Une des manières de caractériser un système dynamique chaotique est de mesurer le degré de sa sensibilité aux conditions initiales. Pour cela, supposons le système dynamique déterministe suivant :

$$x_{t+1} = f(x_t) \tag{2.19}$$

Si nous disposons de deux conditions initiales x_0 et y_0 telles que la différence $|x_0 - y_0|$ est très petite, la différence après une itération sera égale à :

$$|x_1 - y_1| = |f(x_0) - F(y_0)| = \frac{|f(x_0) - F(y_0)|}{|x_0 - y_0|}|x_0 - y_0| \tag{2.20}$$

Par définition, la dérivée d'une fonction f en un point x_0 est :

$$\left[\frac{df}{dx}\right]_{x_0} = \lim_{y0 \to x0} \frac{|f(x_0) - F(y_0)|}{|x_0 - y_0|} \tag{2.21}$$

En substituant dans l'équation 2.20, nous obtenons l'équation suivante :

$$|x_1 - y_1| = \left|\left[\frac{df}{dx}\right]_{x_0}\right||x_0 - y_0| \tag{2.22}$$

Le terme $\left[\frac{df}{dx}\right]_{x_0}$ permet de quantifier le degré de dépendance aux conditions initiales. Toutefois, il dépend uniquement de la condition initiale x_0. Dans le but de le généraliser procédons à une seconde itération :

$$|x_2 - y_2| = \left[\frac{df}{dx}\right]_{x1}|x_1 - y_1| = \left|\left[\frac{df}{dx}\right]_{x1}\left[\frac{df}{dx}\right]_{x0}\right||x_0 - y_0| \tag{2.23}$$

Par conséquent, après n itérations la différence est :

$$|x_n - y_n| = \left| \left[\prod_{t=0}^{n-1} \frac{df}{dx} \right]_{xt} \right| |x_0 - y_0| \tag{2.24}$$

Rappelons que la solution de l'équation aux différences finies linéaire $x_{t+1} = ax_t$ est $x_n = a^n x_0$. La

différence moyenne pour chaque itération est égale à a. par analogie au terme précédent cette différence

vaut :

$$\left(\left| \left[\prod_{t=0}^{n-1} \frac{df}{dx} \right]_{xt} \right| \right)^{\frac{1}{n}} \tag{2.25}$$

La formule 2.25 représente la moyenne géométrique de la quantité $\left| \left[\frac{df}{dx} \right]_{xt} \right|$. L'exposant de Lyapunov
est égale au logarithme de cette moyenne, tel que :

$$\lambda = \ln \left[\left(\left| \left[\prod_{t=0}^{n-1} \frac{df}{dx} \right]_{xt} \right| \right)^{\frac{1}{n}} \right] \tag{2.26}$$

La valeur de λ contribue (au sens de Devaney) à déterminer si le système est chaotique ou non. En

effet, si $\lambda < 0$, l'erreur croit de manière non exponentielle et le système n'est pas chaotique. En revanche,

si $\lambda > 0$, l'erreur croit de manière exponentielle et le système peut être chaotique. Dans le cas des suites

logistiques, la variation de l'exposant de Lyapunov en fonction du paramètre R est présentée sur la figure

2-19.

La valeur de λ se trouve en dessous de 0 pour des valeurs de R allant de 0 à 3.6 environ puis croit

petit à petit jusqu'à atteindre son maximum pour $R = 4$. Cela s'explique par le fait que la suite logistique

devient très sensible aux conditions initiales à mesure que R s'approche de 4, en d'autres termes la

sensibilité aux conditions initiales apparaît avec le chaos.

Bornitude

Une dynamique est dite bornée, si en fonction du temps, elle prend des valeurs appartenant à un

intervalle fini sans approcher de valeurs infinies ($-\infty$ ou $+\infty$).

En réalité, les choses ne sont pas aussi évidentes. Prenons comme exemple le système linéaire $x_{t+1} =$

Rx_t qui génère la série temporelle... $x_{t-1}, x_t, x_{t+1}, x_{t+2}, \ldots$ La solution de cette équation est $x_t = R^t x_0$

où x_t suit une croissance (respectivement décroissance) exponentielle en fonction de la valeur de R.

Supposons maintenant que nous mesurons la valeur de $D_t = \frac{1}{xt}$. Pour $|R| > 1$ la dynamique de x_t n'est

pas bornée par opposition à D_t qui converge vers 0 quand $t \to \infty$. Pour $|R| < 1$, la dynamique de x_t est

bornée, cependant $D_t \to \pm\infty$ quand $t \to \infty$.

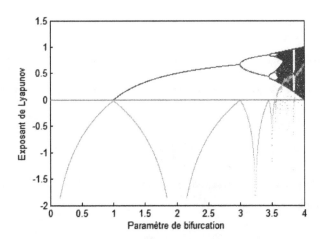

FIG. 2-19 – Exposant de Lyapunov pour les suites logistiques

Cela veut dire que si nous ne disposons pas de mesures de la série temporelle jusqu'à $t \to \infty$ et que ces quelques valeurs mesurées appartiennent à un intervalle fini, cela ne suffit pas pour assurer que la dynamique est bornée jusqu'à l'infini.

Cette définition n'est pas très pratique, un autre concept permettant d'évaluer la bornitude d'une dynamique est celui de la stationnarité. Une série temporelle est dite stationnaire lorsqu'elle montre un même comportement pendant toute sa durée, Plus précisément sa moyenne et son écart type doivent demeurer constants. Ainsi, si nous divisons notre série temporelle en trois tiers, la moyenne et l'écart type calculés pour le premiers tiers doivent être approximativement égaux à ceux calculés pour les deux autres tiers.

Dans le cas de la série temporelle étudiée, son comportement ne subit aucun changement observable et demeure constant pendant toute sa durée (figure 2-10). La moyenne est l'écart type demeurent également inchangés pour les trois tiers. Le tableau suivant regroupe l'ensemble des résultats obtenus :

	Moyenne	Ecart type
Premier tiers	0.4973946	9.1102706
Second tiers	0.5076614	9.0598114
Dernier tiers	0.5089183	9.0446825

La série temporelle est donc stationnaire et par conséquent bornée.

Apériodicité [27]

Un système dynamique peut être soit périodique soit apériodique, cependant, en présence de bruit, certains systèmes de natures périodiques peuvent révéler un comportement apériodique. Les systèmes chaotiques se classent dans la catégorie des systèmes apériodiques, afin de le confirmer nous avons mesuré l'écart entre deux points appartenant à l'espace des phases et représentant respectivement les états du système aux instants i et j, tel que :

$$\delta ij = |xi - xj| \tag{2.27}$$

En règle générale, si le système dynamique étudié est périodique et de période égale à T, δij doit être égale à 0 quand $|i - j| = nT$ tel que $n = 1, 2, 3....$Si au contraire le système est apériodique $\delta ij \neq 0$.

Le résultat obtenu était bien évidemment différent de zéro, quelque soit les points choisis. En effet, les états d'un système apériodique prennent toujours des valeurs différentes les unes des autres. Aussi infime que peut être cette différence, elle constitue le critère principal qui permettra de distinguer entre différents systèmes apériodiques.

Les diagrammes de récurrence ont été introduits pour quantifier les propriétés de récurrence des dynamiques chaotiques apériodiques. Ils se définissent comme une matrice carrée, où l'ensemble des lignes et des colonnes représentent tous les points $\{xi\}_{i=1}^{N}$ de l'espace des phases. Ainsi, si la distance entre deux points xi et xj est inférieure à un seuil prédéfini r, les points sont dits récurrents et sont associés à un point noir, dans le cas contraire, ils sont non récurrents et sont associés à un point blanc. Ceci se traduit par une matrice NxN telle que :

$$Rij = \theta(r - \|xi - xj\|) \tag{2.28}$$

Où θ est la fonction de Heaviside.

Dans le but de dresser une étude comparative entre un système apériodique et un système parfaitement périodique. Nous avons réalisé des schémas de récurrence équivalents aux deux systèmes distincts, figure 2-20 et figure 2-21 et cela pour deux valeurs différentes de r.

Pour un système périodique, le schéma de récurrence se présente sous la forme d'une séquence de rayures séparées par une distance $T = 4$, puisque pour $R = 3.52$ la suite logistique oscille entre quatre valeurs. Dans le cas d'un système chaotique, le schéma de récurrence est plus compliqué.

Des indices statistiques peuvent être introduits pour transformer cette représentation graphique en une analyse statistique, parmi celle-ci nous citons le taux de récurrence des points marqués. D'autres

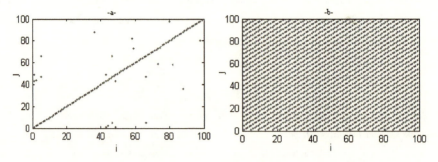

FIG. 2-20 – (a) $x_t = 4x_t(1 - x_t)$ (b) $x_t = 3.52x_t(1 - x_t)$, $r = 0.001$

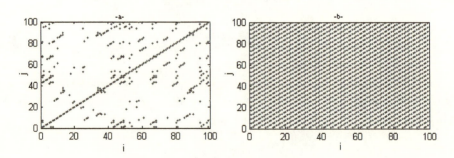

FIG. 2-21 – (a) $x_t = 4x_t(1 - x_t)$ (b) $x_t = 3.52x_t(1 - x_t)$, $r = 0.01$

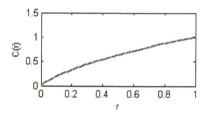

FIG. 2-22 – Intégrale de corrélation pour $x_t = 4x_t(1 - x_t)$

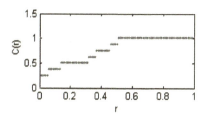

FIG. 2-23 – Intégrale de corrélation pour $x_t = 3.52x_t(1 - x_t)$

indices permettent de donner plus d'informations sur le système, néanmoins, nous nous en tenons dans le cadre de cette étude à celui que nous venons de citer.

Taux de récurrence (intégrale de corrélation)

La densité de point dans un schéma de récurrence peut être calculée comme suit :

$$C(r) = \frac{\text{Nombre de points tel que } |Di - Dj| < r}{N^2} \tag{2.29}$$

Où N^2 représente le nombre maximum de points pouvant se trouver sur le schéma de récurrence.

$C(r)$ est appelée également *intégrale de corrélation*. Elle représente l'une des mesures fondamentales dans l'étude des systèmes chaotiques. Cependant, il serait d'avantage plus intéressant de représenter l'évolution de $C(r)$ en fonction de r comme le montre les figures 2-22 et 2-23 :

Pour un système parfaitement périodique une petite variation du paramètre r ne fera apparaitre aucun changement visible, nous obtenons alors deux schémas semblables 2-20(b) et 2-21(b), quelque peu différents. Cela se traduit par une valeur de $C(r)$ qui demeure constante en fonction de r et qui subit quelques variations de temps à autre.

Dans le cas d'un système chaotique, nous obtenons deux schémas de récurrence extrêmement différents 2-20(a) et 2-21(a), une même variation du paramètre r entraîne l'apparition d'un plus grand nombre de points, ce qui explique la croissance exponentielle de $C(r)$ en fonction de r.

Déterminisme

Un système est dit déterministe, si à partir d'une condition initiale il est possible de déduire causalement tous ses états futurs. Pour le savoir, une méthode consiste à partager la série temporelle en deux, la première partie 'base de connaissances' servira à la génération d'un modèle mathématique correspondant à la dynamique du système, ce modèle sera ensuite utilisé pour effectuer quelques prédictions. La deuxième partie servira à évaluer la validité de ces prédictions, si ces dernières sont exactes, le système est complètement déterministe, si elles sont moyennement bonnes, le système a une composante déterministe et si au contraire elles sont fausses, le système n'est pas du tout déterministe.

Plus précisément, supposons le cas le plus général d'un système à plusieurs variables d'état, dans ce cas précis nous plongeons la série temporelle dans un espace d'immersion de dimension p. c'est à dire que nous construisons une suite de vecteurs :

$$\mathbf{x}_t = (x_t, x_{t-h}, ..., x_{t-(p-1)h}) \tag{2.30}$$

Où : $\mathbf{x}_t$ est un point se situant dans un espace de dimension p, il représente l'état du système à un instant t.

x_t est la mesure effectuée à un instant t.

p est la dimension du plongement.

h est l'écart du plongement.

La construction d'un modèle mathématique à partir de données mesurées peut se faire de différentes manières. Pour cela, considérons la première tranche de la série temporelle plongée prise jusqu'a T. Pour prédire la valeur de la série temporelle au temps $T+1$, cherchons le point le plus proche de $\mathbf{x}_T$ qui appartienne à la série temporelle, tel que $\mathbf{x}_T = (x_T, x_{T-h}, \ldots, x_{T-(p-1)h})$, notons ce point par $\mathbf{x}_a$. $\mathbf{x}_T$ représente les évènements antérieurs de x_{T+1}, par analogie $\mathbf{x}_a$ représente les évènements antérieurs de x_{a+1}. Si $\mathbf{x}_T$ est bien le point le plus proche de $\mathbf{x}_a$ et si le système est déterministe nous pouvons conclure que x_{a+1} est le point le plus proche de x_{T+1}. x_{a+1} représente alors une bonne prédiction pour x_{T+1}, cette prédiction sera nommée P_{T+1}.

Tel que : $\mathbf{x}_{T+1} = (P_{T+1}, x_{T+1-h}, \ldots, x_{T+1-(p-1)h})$.

Dans ce cas, notre modèle est constitué d'un ensemble de données et d'un ensemble d'instructions appelé algorithme.

Une variante de ce modèle consiste à rechercher non pas un seul point, mais plusieurs points proches de $\mathbf{x}_T$, ces points sont : $\mathbf{x}_{a1}, \mathbf{x}_{a2}, \ldots, \mathbf{x}_{ak}$. La prédiction de x_{T+1} sera donc la moyenne de $x_{a_1+1}, x_{a_2+1}, ..., x_{a_k+1}$,

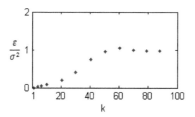

FIG. 2-24 – Mesure de $\frac{\varepsilon}{\sigma^2}$ pour $x_t = 4x_t(1 - x_t)$

telle que :

$$P_{T+1} = \frac{1}{k}\sum_{i=1}^{k} x_{a_i+1} \qquad (2.31)$$

Afin de poursuivre les prédictions, deux méthodes sont possibles, la première consiste à utiliser les prédictions faites ultérieurement, la seconde, quant à elle, utilise les valeurs de la série temporelle aux temps $T+2, T+3, \ldots$ Dans notre cas, il est préférable d'utiliser la seconde méthode.

Après avoir réalisé quelques prédictions, nous devons maintenant évaluer leurs exactitudes. Pour cela, il faudra calculer la moyenne des écarts entre les valeurs mesurées et les valeurs prédites. Ces écarts sont appelés *erreurs de prédiction*. Leur moyenne est notée ε.

$$\varepsilon = \frac{1}{T}\sum_{k=1}^{T} (x_{T+k} - P_{T+k})^2 \qquad (2.32)$$

Une très grande valeur de ε voudra dire que notre système n'est pas déterministe et inversement. Pour juger de l'importance de cette valeur, calculons le rapport suivant :

$$\frac{\varepsilon}{\sigma^2} \qquad (2.33)$$

Où σ^2 représente la variance de la série temporelle.

Si ce rapport est très proche de 1, la moyenne des erreurs de prédiction est importante. Si au contraire il se rapproche de 0, la moyenne des erreurs de prédiction est négligeable et notre système est parfaitement déterministe.

La mesure du rapport $\frac{\varepsilon}{\sigma^2}$ dans le cas d'une série temporelle chaotique générée par la suite logistique ($p = 1$) et pour différentes valeur de k, équation 2.31, nous donne le résultat suivant (figure 2-24).

Le rapport $\frac{\varepsilon}{\sigma^2}$ vaut zéro pour de très petites valeurs de k et s'approche de l'unité à mesure que k s'approche du nombre de points de la série temporelle. La série temporelle et par conséquent le modèle logistique est prédictible pour de petites valeurs de k allant de 1 à 20. x_{t+1} est déterminé par le terme précédent x_t, cette méthode de prédiction a donc permis de révéler la corrélation entre les fluctuations contrairement à la fonction d'autocorrélation.

2.13   Conclusion

Notre objectif principal est d'assurer une transmission en temps réel et de préserver la qualité de la liaison, tout en renforçant sa sécurité. Ce chapitre a permis de justifier le choix de notre générateur de séquences chaotiques qui serviront au chiffrement des données secrètes, en effet, les suites logistiques sont les plus adaptées à notre besoin.

L'étude analytique de ces suites nous a permis de comprendre leur comportement, allant d'une évolution vers un état stable à une évolution vers un cycle de période doublée à chaque bifurcation, cette séquence de bifurcation correspond à un passage de la stabilité vers l'instabilité, nous conduisant ainsi vers le chaos.

L'étude des propriétés statistiques et celle des propriétés chaotiques se complètent, puisque chacune réussie là ou l'autre échoue.

Ce chapitre n'est certainement pas exhaustif, nous avons essayé d'apporter toutes les notions nécessaires à la compréhension des comportements chaotiques.

Chapitre 3

Synchronisation des systèmes chaotiques

3.1 Introduction

Au 17ième siècle, Christian Huggens a constaté que deux de ses horloges à balancier, placées cote à cote, convergeaient rapidement vers un mouvement identique en phase et en fréquence; c'est à ce moment là que le phénomène de synchronisation a été évoqué pour la première fois. Ce phénomène a suscité l'intérêt d'un très grand nombre de chercheurs dans de multiples disciplines dont celle du chaos.

La synchronisation chaotique a pour but de permettre au récepteur de dupliquer le signal chaotique généré par l'émetteur. Cependant, l'obtention de deux signaux chaotiques oscillant de manière synchronisée n'est pas facilement réalisable.

En 1996, Thomas Caroll et Louis Pecora ont été les premiers à reproduire un signal chaotique parfaitement en phase avec le signal chaotique original.

Dans ce chapitre nous présenterons quelques méthodes de synchronisation associées aux systèmes chaotiques étudiés dans le chapitre II. Nous commencerons tout d'abord par la méthode de synchronisation de Pecora et de Caroll, ensuite nous parlerons de la méthode de synchronisation par filtrage de Kalman Etendu suivie d'une variante permettant d'améliorer les performances de synchronisation.

3.2 Synchronisation identique (Pecora et Caroll) [28][29][30][31][32]

Cette méthode constitue une solution simple et performante de synchronisation par couplage unidirectionnel entre deux systèmes chaotiques. Son principe est que le système récepteur (esclave) reproduise exactement l'état du système émetteur (maître) après un régime transitoire.

Elle se base sur la décomposition du système chaotique de l'émetteur en deux sous systèmes, de telle sorte que les variables d'état soient reparties de part et d'autres dans chacun des deux sous systèmes.

Considérons le système chaotique décrit par l'équation non linéaire 3.1.

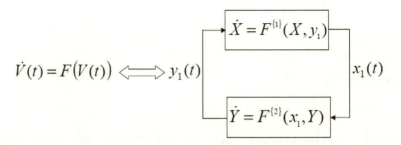

$$\dot{V}(t) = F(V(t)) \Longleftrightarrow y_1(t)$$

FIG. 3-1 – Décomposition du système chaotique F en deux sous systèmes X et Y [30]

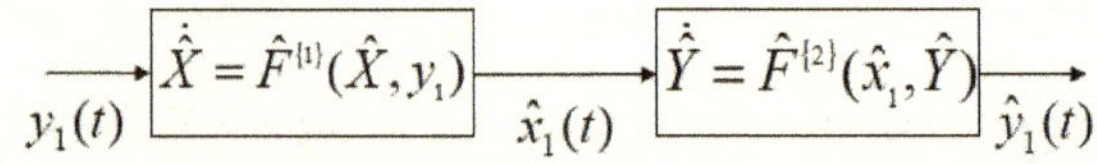

FIG. 3-2 – Organisation en cascade des sous systèmes du récepteur [30]

$$\dot{V}(t) = F(V(t)) \tag{3.1}$$

Où F est de classe C^1 et $V(t)$ un vecteur d'état de dimension N, tel que $V = [v_1, v_2 ... v_N]^T$.

Si nous divisons le système 3.1 en deux sous systèmes, tel montré sur la figure 3-1, nous obtenons :

$$\begin{aligned} \dot{X} &= F^{\{1\}}(X, y_1) \\ \dot{Y} &= F^{\{2\}}(x_1, Y) \end{aligned} \tag{3.2}$$

Où X est de dimension $N1$ et Y de dimension $N2$, tel que $N = N1 + N2$.

Ainsi, $X = [v_1, v_2 ... v_{N1}]^T = [x_1, x_2 ... x_{N1}]^T$ et $Y = [v_{N1+1}, v_{N1+2} ... v_N]^T = [y_1, y_2 ... y_{N2}]^T$.

Il s'agit ensuite de reproduire ces sous systèmes à l'identique du coté du récepteur et de les organiser en cascade comme montré sur la figure 3-2. Soient $\hat{F}^{\{1\}}$ et $\hat{F}^{\{2\}}$ ces deux sous systèmes.

L'objectif maintenant est de synchroniser le signal $\hat{y}_1(t)$ avec le signal $y_1(t)$ provenant du système émetteur. Le signal $y_1(t)$ est alors considéré comme un signal d'entrainement "drive signal", qui permet de faire le pilotage du sous système $\hat{F}^{\{1\}}$.

La figure 3-3 montre le système complet de synchronisation.

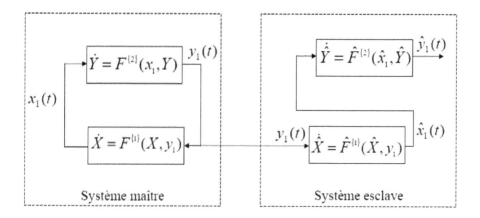

FIG. 3-3 – Principe de la synchronisation identique [30]

Pecora et Caroll ont démontré que la condition nécessaire pour obtenir une bonne synchronisation est que tous les exposants de Lyapunov du sous système $\hat{F}^{\{1\}}$ soient négatifs. Si cette condition est satisfaite, le sous système $\hat{F}^{\{1\}}$ est stable et les signaux $x_1(t)$ et $\hat{x}_1(t)$ sont synchronisés tels que :

$$\lim_{t \to \infty} |\hat{x}_1(t) - x_1(t)| = 0 \tag{3.3}$$

Afin de montrer un exemple de ce mécanisme de synchronisation, considérons le système d'équation de Lorenz correspondant à l'équation 2.1 du chapitre II. Si les deux systèmes émetteur et récepteur utilisent ce même système chaotique en partant de deux conditions initiales proches, nous remarquons que très vite leurs deux trajectoires divergent. Après 10s d'itération, nous supprimons la dimension x du système récepteur et nous la remplaçons par l'état correspondant du coté de l'émetteur. Cette opération va forcer les états y et z du système récepteur à se synchroniser avec les états correspondant du système émetteur. Tout cela est bien sûr vrai si les exposants de Lyapunov du système récepteur sont négatifs ou nuls (λ_2 et $\lambda_3 \leq 0$).

Deux méthodes d'intégration peuvent être envisagées pour la résolution du système de Lorenz, dont celle d'Euler et de Runge Kutta (RK45). Cependant, des études menées dans [31] ont montré que la méthode d'Euler a une charge de calcul réduite par rapport à celle de RK45 qui a une complexité bien supérieure, permettant ainsi une plus grande précision. Le choix de la méthode d'intégration est alors fait suivant les besoins en termes de précision et de rapidité.

L'inconvénient de cette méthode et qu'elle reste toujours contrainte à la stabilité du système récepteur

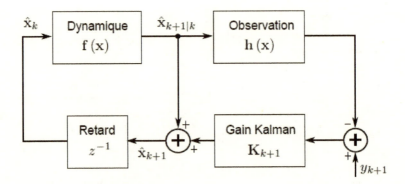

FIG. 3-4 – Schéma bloc du filtrage de Kalman étendu [30]

utilisé. Il a été également démontré que cette méthode n'est pas très robuste face au piratage.

Des recherches récentes montrent que le problème de synchronisation peut se ramener au problème d'observation. Dans ce contexte, plusieurs types d'observateurs ont été développés dont les observateurs stochastiques tels que le Filtre de Kalman Etendu et le Filtre de Kalman Exact appliqué aux systèmes chaotiques discrets. Dans les sections suivantes, nous allons présenter des méthodes de synchronisation basées sur ces deux types d'observateurs stochastiques.

3.3   Synchronisation par filtrage de Kalman Etendu [30][31][32]

Les travaux de Pecora et de Caroll ont ouvert la voie à plusieurs autres techniques de synchronisation, dont la suivante.

La méthode de synchronisation par filtrage de Kalman étendu est une généralisation des méthodes de synchronisation par couplage unidirectionnel telles que la synchronisation identique.

Cette méthode, introduite initialement par Fowler [43], est basée sur l'estimation récursive des états d'un générateur chaotique. Elle se fait en deux étapes, une étape de prédiction, qui consiste à évaluer les variables d'état à partir des équations du modèle et une étape de correction, qui sert à corriger les erreurs de prédiction, cela en utilisant les différences existantes entre les variables observées et celles estimées. Le schéma 3-4 montre le principe de cette méthode.

Plus précisément, considérons le système en temps discret défini comme suit :

$$x_{k+1} = f(x_k) \tag{3.4}$$

Où x_k est le vecteur d'état et $f(.)$ est la dynamique non linéaire.

A la réception, le signal reçu se présente sous la forme scalaire, tel que :

$$y_k = h^T x_k + n_k \tag{3.5}$$

Où $h = [h_1, h_2, ...h_n]^T$ est le vecteur d'observation et n_k est un bruit blanc gaussien de variance $\frac{N_0}{2}$ et de moyenne nulle, éventuellement présent dans le canal de transmission.

Les équations 3.4 et 3.5 présentent respectivement, le modèle du processus et d'observation.

Dans la partie gauche du schéma l'estimation courante $\hat{x}_k$ est utilisée pour obtenir la valeur à priori du nouvel état estimé $\hat{x}_{k+1|k}$. Dans la partie droite du schéma, ce nouvel état va incorporer la nouvelle mesure y_{k+1} pour obtenir la valeur estimée à posteriori $\hat{x}_{k+1}$, telle que :

$$\hat{x}_{k+1} = \hat{x}_{k+1|k} + K_{k+1}(y_{k+1} - h^T \hat{x}_{k+1|k}) \tag{3.6}$$

Où K_{k+1} est le gain de Kalman, calculé par rapport à la dynamique du système et qui donne une évaluation de confiance accordée aux observations à chaque étape du filtrage. Plus de détails sur le calcul de ce gain se trouvent dans [30].

Pour une meilleure efficacité, le nombre d'états le plus réduit possible doit être transmis entre l'émetteur et le récepteur. Des aspects sur l'optimalité et la stabilité d'une telle synchronisation se trouvent dans [44][45].

Nous n'allons pas trop nous attarder sur les détails de ce modèle, puisqu'il reste très sensible aux perturbations introduites par le bruit du canal ainsi que par les approximations faites par le filtre de Kalman étendu. Une solution consiste à considérer la présence d'un bruit de processus, seulement, le paramétrage d'un bruit de processus reste tout de même difficile.

Une variante permettant d'améliorer les performances de synchronisation de ce modèle sera introduite dans la section qui suit.

3.4 Synchronisation par filtrage de Kalman Exact (ExPKF) [30] [33]

Cette méthode proposée dans [30] est une variante de l'estimation par filtrage de Kalman étendu. Elle permet d'améliorer les performances de synchronisation et se base sur les calculs des statistiques d'ordre 2.

Afin de donner une vue globale de l'algorithme utilisé, considérons les modèles mono dimensionnels de processus et d'observation suivant :

$$x_{k+1} = f(x_k) + v_k \tag{3.7}$$
$$y_k = h(x_k) + n_k$$

Où v_k et n_k représentent des bruits additifs gaussiens de moyenne nulle et avec une intercorrélation nulle, tels que :

$$E[v_k] = E[n_k] = 0 \tag{3.8}$$
$$E[v_k v_j] = Q\delta_{kj}$$
$$E[n_k n_j] = R\delta_{kj}$$
$$E[v_k n_j] = 0$$
$$E[v_k x_j] = E[n_k x_j] = 0$$

Où Q et R sont respectivement la covariance du bruit de processus et d'observation.

$f(.)$ et $h(.)$ représentent des fonctions polynomiales non linéaires discrètes. Bien que cet algorithme s'applique à tous les polynômes de cette forme, il a été choisis dans [30] de l'appliquer pour des polynômes de Chebyshev. En effet, il a été démontré que tous les polynômes de Chebyshev génèrent du chaos, avec un exposant de Lyapunov égale à $ln(p)$ où p est l'ordre du polynôme.

Un ensemble d'expressions matricielles compactes déduites dans [30] permettent de calculer les moyennes et les variances rendant ainsi l'application de ce filtre de Kalman Exact très facile et son exécution très rapide.

Les expressions de l'algorithme obtenues pour un polynôme de Chebychev d'ordre 2 sont les suivantes : Définissons tout d'abord la forme du polynôme :

$$y = 2x^2 - 1 \tag{3.9}$$

$$\hat{x}_{k+1|k} = E[f(x_k)] = 2P_k + 2\hat{x}_k^2 - 1 \tag{3.10}$$

Où $\hat{x}_{k+1|k}$ est l'estimation à priori de l'état x_{k+1} et P_k est la covariance des erreurs estimée à l'instant k.

La covariance des erreurs à l'instant $k + 1$ en sachant la statistique à l'instant k peut être estimée grâce à la formule suivante :

$$P_{K+1|K} = E[(x_{k+1|k} - \hat{x}_{k+1|k})^2] = 8P_k^2 + 16P_k\hat{x}_k^2 + Q \qquad (3.11)$$

Une estimation de l'état observé peut être faite comme suit :

$$\hat{y}_{K+1|K} = E[h(x_{k+1})] = \hat{x}_{K+1|K} \qquad (3.12)$$

La valeur optimale appelée également estimation à postériori de l'état estimé est donnée alors par :

$$\hat{x}_{k+1} = \hat{x}_{k+1|k} + K_{k+1}(y_{k+1} - \hat{x}_{k+1|k}) \qquad (3.13)$$

Où :

$$K_{K+1} = \frac{P_{K+1|K}}{P_{K+1|K} + R} \qquad (3.14)$$

L'estimation de la covariance faite à l'instant $k + 1$ peut être corrigée grâce à la formule suivante :

$$P_{k+1} = \frac{P_{K+1|K} R}{P_{K+1|K} + R} = K_{K+1}R \qquad (3.15)$$

Les formules 3.12 et 3.15 montrent que l'algorithme ExPKF appliqué pour la synchronisation d'une séquence chaotique générée par un polynôme de Chebyshev d'ordre deux offre un coût de calcul très limité.

Des études menées dans [30] ont montré que ce type de filtre donnait de très bonnes performances quant à la synchronisation des systèmes chaotiques. Nous avons donc réalisé un essai en utilisant les polynômes de Chebychev d'ordre 2 comme générateur de séquences chaotiques. Les résultats obtenus correspondent à la figure 3-5

Les résultats montrent que le signal chaotique généré par le récepteur se superpose au signal chaotique généré du côté de l'émetteur et cela après quelques itérations. Les écarts entre les différents termes des deux séquences chaotiques sont montrés dans la figure 3-6 .

L'un des critères les plus populaires pour mesurer la performance d'un estimateur est l'erreur quadratique moyenne (EQM), celle-ci est définie comme suit :

$$MSE = \lim_{n\to\infty} \frac{1}{n+1} \sum_{k=0}^{n} (x_k - \hat{x}_k)^2 \qquad (3.16)$$

Où x_k désigne l'état vrai à l'instant k et $\hat{x}_k$ son estimé.

L'erreur quadratique moyenne calculée à l'aide de l'équation 3.16 est estimée à $MSE = 5.9413e - 017$.

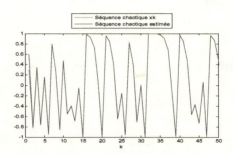

FIG. 3-5 – Synchronisation pour $R = 10^{-4}$ et $Q = 10^{-5}$.

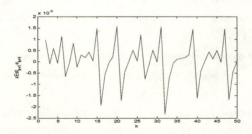

FIG. 3-6 – Différence entre $\hat{x}_{k+1}$ et x_{k+1} pour un polynôme de Chebychev d'ordre 2.

Ces résultats sont très performants, cependant, nous pouvons les améliorer d'avantage en vue d'appliquer cette méthode de synchronisation dans le cas de l'algorithme de chiffrement que nous allons proposer.

Cette amélioration peut être faite en augmentant à quatre l'ordre du polynôme de Chebychev. En effet, les résultats obtenus dans [30] montrent que la différence entre les deux séquences chaotiques peut devenir nulle pour des ordres supérieurs du polynôme de Chebychev.

3.5 Conclusion

Dans ce chapitre nous avons présenté quelques méthodes de synchronisation chaotique parmi les plus connues. Commençant par la synchronisation identique de Pecora et Caroll qui permet de bonnes performances de synchronisation en dehors de sa faiblesse aux attaques. Nous avons ensuite présenté une méthode de synchronisation basée sur le filtrage de Kalman étendu, celle ci semble moins performante en présence de bruit. Une variante de ce modèle, permettant d'améliorer significativement les performances de synchronisation, a été décrite pas la suite.

Nous avons donc implémenté cette dernière en utilisant les polynômes de Chebychev d'ordre deux comme générateurs de séquences chaotiques, les résultats obtenus sont performants, cependant, ils doivent être améliorés d'avantage en augmentant l'ordre du polynôme de Chebychev pour ainsi assurer une très bonne synchronisation entre l'émetteur et le récepteur. En effet, celle-ci va permettre d'utiliser les deux signaux identiques obtenus du coté de l'émetteur et du récepteur pour générer les clés secrètes qui serviront au chiffrement et au déchiffrement des données dans le chapitre suivant.

Chapitre 4

Etude et mise en œuvre d'un algorithme de cryptage réalisé à base de suites logistiques

4.1 Introduction

Avec l'avancement des technologies de communication, l'utilisation des informations audio-visuelles et textuelles est de plus de en plus répandue. La cryptographie est alors devenue critique pour la sécurisation et la distribution des données multimédias à travers des réseaux non sécurisés, tels que le réseau internet.

Les algorithmes de cryptage traditionnels tels que AES, DES...permettent le chiffrement de ces données, cependant, une quantité importante de données et une forte corrélation de ces dernières mènent à une lenteur inévitable, pour cette raison, ils ne sont pas applicables au chiffrement temps réel des données.

Au cour de cette dernière décennie, les chercheurs ont démontré l'existence d'une relation étroite entre le chaos et la cryptographie. Actuellement, le bruit et le chaos sont deux comportements naturels irréguliers. Toutefois, un comportement chaotique à l'avantage d'être déterministe, cette propriété du chaos facilite amplement le décryptage des données et la restitution des données en clair, pour cela, il suffit de connaitre avec exactitude la clé de chiffrement.

D'autres propriétés du chaos, encore plus avantageuses telles que, la sensibilité aux conditions initiales et le spectre à large bande permettent un chiffrement hautement sécurisé.

Dans l'optique d'apporter une bonne sécurité, nous proposons dans ce chapitre un nouvel algorithme de cryptage et de décryptage, son principe repose sur l'utilisation de modèles à comportement asymptoti-quement chaotique tels que les suites logistiques, ces dernières serviront comme générateurs de séquences chaotiques aux processus de confusion et de diffusion. Une explication détaillée de ces deux processus et

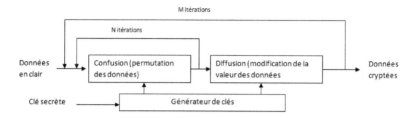

FIG. 4-1 – Principe de la confusion et de la diffusion

de cet algorithme sera donnée dans ce qui suit.

4.2   Principe de confusion et de diffusion [34]

En cryptologie, la confusion et la diffusion sont deux propriétés dans une méthode de chiffrement, elles ont été identifiées par Claude Shannon dans son document Theory of Secrecy Systems publié en 1949.

D'après la définition originale de Shannon, la confusion correspond à une volonté de rendre la relation entre la clé de chiffrement et les données chiffrées la plus complexe possible. La diffusion est une propriété où la redondance statistique des données en clair est dissipée dans les statistiques des données chiffrées. En d'autres termes, les données en entrée ne doivent pas se retrouver en sortie et les statistiques des données en sortie doivent donner le moins possible d'informations sur les données en entrée, en effet, des relations entres les bits en entrée et en sortie pourraient être très utiles pour le cryptanalyste.

Le processus de confusion est accompli en permutant les éléments de données entre eux, ainsi une nouvelle valeur attribuée à un élément de données est considérée comme une substitution de l'ancienne valeur (un symbole des données en clair est remplacé par un autre). Dans le processus de diffusion, les valeurs des éléments de données sont altérées séquentiellement, de cette façon, une nouvelle valeur attribuée à un élément de données dépend fortement de toutes les valeurs qui lui ont été attribuées précédemment.

Le schéma représenté sur la figure 4-1 illustre ce principe.

Dans un algorithme de cryptage les processus de confusion et de diffusion peuvent être répétés plusieurs fois, comme il est clairement montré dans la figure 4-1, le système de cryptage qui y figure peut être décrit mathématiquement par la formule 4.1.

$$D_C = D^M(C^N(D_S, K_C), K_D) \tag{4.1}$$

Où D_C et D_S représentent respectivement les données cryptées et les données en clair.

N et M représentent le nombre d'itération du processus de confusion et du cryptage entier.

K_C et K_D sont les clés du processus de confusion et de celui de la diffusion.

Il faut savoir que plus les fonctions de confusion C et de diffusion D sont sensibles à leurs clés respectives K_C et K_D, plus la sécurité sera meilleure.

4.3 Etat de l'art des algorithmes de cryptages basés sur les modèles chaotiques discrets

Les algorithmes de cryptage chaotiques qui utilisent de simples systèmes chaotiques discrets ont eu tout récemment un très grand intérêt dans le domaine de la sécurité. Ils se divisent en deux catégories :

- Les systèmes de cryptage chaotiques par blocs.

- Les systèmes de cryptage chaotiques par flux.

Rappelons que la première catégorie a pour principe de chiffrer les données par blocs, quant à la seconde, elle permet de chiffrer les données bit par bit ou octet par octet.

Plusieurs travaux ont été recensés dans ce domaine, tous sont dédiés spécifiquement au cryptage des images, à commencer par celui de Fredrich [35]qui a été le premier à suggérer l'utilisation de systèmes chaotiques pour la permutation des pixels, pour cela il a fait usage de l'application chat d'Arnold et de l'application de Baker.

Chen et al [36], ont continué sur la même idée en modifiant les systèmes chaotiques utilisés par Fredrich, ainsi, ils ont utilisé une version à trois dimension de l'application chat d'Arnold pour le processus de substitution et le système chaotique de Chen pour le processus de diffusion.

Toutefois, Lian et al. [37] ont démontré que dans le chiffrement employant l'application de Baker et l'application chat d'Arnold, la clé de chiffrement n'est pas très fiable, aussi, la taille de l'espace des clés n'est pas aussi grande que celle obtenue en utilisant l'application chaotique Standard, ils ont aussi recommandé un minimum de quatre itérations, englobant le processus de confusion et le processus de diffusion.

Un autre système plus complexe qui repose sur l'utilisation de systèmes chaotiques discrets et continus a été mis en œuvre par Guan et al. [38]. L'application chat d'Arnold intervenait dans le processus de confusion et le système chaotique continu de Chen dans celui de la diffusion.

Un peu plus tard, Tong et Cui [39] ont proposé deux nouvelles fonctions chaotiques à une dimension et un algorithme de cryptage basé sur ces nouvelles fonctions.

Plus récemment, Pareek et al [40]ont proposé un algorithme de cryptage qui utilise deux suites logistiques et une clé secrète de 80 bits, les conditions initiales de ces deux suites sont déduites à partir de cette clé secrète. La première suite logistique est utilisée pour générer un nombre compris entre 1 et 24, ce dernier sert par la suite à modifier la condition initiale de la seconde suite logistique. Les auteurs ont bien démontré que le changement de la condition initiale rend la dynamique plus aléatoire.

Kwok et Tang [41] ont ensuite suggéré un algorithme dans lequel une nouvelle forme de chaos basée sur la génération de nombres pseudo aléatoires (PRBG) est utilisée.

Une autre approche de cryptage a été proposée par Pisarchik et al [42]où tous les pixels adjacents sont couplés en série, pixel par pixel à l'aide de l'application nommée 'coupled map lattices' (CML). Cette méthode permet de très bonnes propriétés de diffusion, cependant, un moindre bruit dans la liaison de transmission peut provoquer une perte de données considérable. En effet, si un seul pixel subit un moindre petit bruit, l'image source ne peut plus être retrouvée.

Afin de corriger ce problème, nous proposons un algorithme basé sur le couplage chaotique des données. Ce type de couplage permet d'excellentes propriétés de confusion et peut être réalisé à l'aide de séquences chaotiques. Comme générateur de séquences chaotiques nous utilisons les suites logistiques. Notre objectif principal est d'assurer une bonne sécurité des données en un minimum de temps possible, nous tenons également à ce que cet algorithme puisse être appliqué non pas seulement à des images, mais aussi à d'autres types de données telles que le texte et le son.

4.4 Principe de l'algorithme de cryptage et de décryptage proposé

L'algorithme proposé est un algorithme de cryptage et de décryptage à clé symétrique par flot, en effet, il permet de traiter des données sans les découper, il repose sur l'utilisation de trois suites logistiques de paramètres différents, qui permettrons de générer des séquences chaotiques de taille égale à la taille des données en entrée, ces séquences serviront par la suite à réaliser divers opérations telles que la confusion et la diffusion des données traitées.

Une première étape de cet algorithme consiste à remplir un tableau x_0 de valeurs décimales $(0 - 255)$ à partir des données secrètes que nous voulons crypter. La dimension h de ce tableau dépend de la taille des données, elle peut être égale à $3 \times M \times N$, dans le cas d'une image de dimension $N \times M$, comme elle peut être égale à N dans le cas d'un texte à N caractères ou d'un son à N échantillons, le résultat obtenu correspond au tableau suivant :

$$x_0 = \{x_{0_1}, x_{0_2}, ..., x_{0_h}\} \tag{4.2}$$

Le but de l'algorithme de cryptage est d'obtenir en sortie un tableau C de valeurs cryptées, ce derniers doit être de taille égale au tableau x_0 que nous devons crypter, ainsi, si le tableau x_0 compte h éléments, le tableau en sortie doit lui aussi contenir le même nombre d'éléments. Ceci permet de préserver la taille des données en entrée.

Les valeurs du tableau 4.2 serviront par la suite comme condition initiale de la suite logistique :

$$x_{n+1} = ax_n(1 - x_n) \qquad (4.3)$$

Où les valeurs du paramètre a peuvent varier d'un élément à un autre (pour chaque pixel, chaque caractère ou chaque échantillon de son) et sont déterminées par une seconde suite logistique :

$$z_{n+1} = bz_n(1 - z_n) \qquad (4.4)$$

Où $b \in [3.57, 4]$, $n = h$ et $z_0 \in [0, 1]$ tel que : $a_i = 0.43z_i + 3.57$. Les a_i restent de cette façon à l'intérieur de l'intervalle $[3.57, 4]$ et permettent un comportement chaotique de l'équation 4.3 ; La variation de ce paramètre augmente la taille de l'espace des clés et renforce en conséquence la sécurité.

Certains algorithmes utilisent le principe de couplage des données adjacentes [42], par conséquent, une seule petite erreur sur l'une d'entre elles peut facilement se répandre sur l'ensemble des données. Pour pallier ce problème, nous avons choisis de faire un couplage chaotique des données, ce dernier permet d'excellentes propriétés de confusion et par conséquent, une bonne sécurité.

Pour cela deux indices k_1 et k_2 appartenant tous deux à l'intervalle $[1, h]$ sont générés à partir de la suite logistique suivante :

$$y_{n+1} = cy_n(1 - y_n) \qquad (4.5)$$

Où $c \in [3.57, 4]$, après h itérations, ou h est égale à la taille totale des données, nous obtenons : $Y = \{y_1, y_2, ...y_h\}$. Cette séquence est transformée en deux séquences chaotiques inclues entre 0 et h, telles que :

$$K1 = \{k_{1_1}, k_{1_2}, ..., k_{1_h}\} \qquad (4.6)$$

$$K2 = \{k_{2_1}, k_{2_2}, ..., k_{2_h}\} \qquad (4.7)$$

Ces deux indices chaotiques définissent les éléments du tableau x_0 qui seront combinés à chaque itération $(1...h)$, en effet l'élément d'indice k_{2_i} sera divisé par 255 et servira comme condition de départ à l'équation 4.3, il sera ensuite itéré n fois pour être enfin multiplié par 255 et couplé à l'élément d'indice k_{1_i} tel que :

$$x_{0_{k_{1_i}}} = F(x_{0_{k_{2_i}}}^{(n)}, x_{0_{k_{1_i}}}) \bmod 255 \qquad (4.8)$$

Plusieurs opérations peuvent être envisagées pour la diffusion des données.

Les processus de confusion et de diffusion sont répétés plusieurs fois (α fois), à chaque itération les indices K_1 et K_2 peuvent être générés à partir d'une condition initiale différente. L'étude qui va suivre montrera que le choix du nombre d'itération influe fortement sur la qualité de la sécurité assurée par cet algorithme, cependant un compromis entre le temps d'exécution et la qualité de la sécurité doit être respecté.

Le résultat obtenu après toutes ces étapes correspond à un tableau C de données cryptées, tel que :

$$C = \{C_1, C_2...C_h\} \tag{4.9}$$

Le nombre d'itération n et α, les conditions initiales z_0 et y_0 ainsi que les paramètres c et b constituent la clé secrète de notre algorithme. Connaissant cette clé de cryptage, le récepteur peut facilement retrouver les données en clair, en effet, l'algorithme de décryptage est semblable à celui du cryptage à quelques différences près : les itérations ainsi que l'opération F doivent êtres faites de manière inversée, telle que :

$$x_{0_{k_{2_i}}} = F^{-1}(x_{0_{k_{1_i}}}^{(n_i)}, x_{0_{k_{2_i}}}) \bmod 255 \tag{4.10}$$

La figure 4-2 représente une schématisation détaillée de l'algorithme de cryptage. Il est clair d'après le schéma que les séquences chaotiques K_1 et K_2 ainsi que les paramètres a_i peuvent être calculés à l'avance, avant d'entamer toute opération de cryptage et cela dans le but de minimiser le temps de chiffrement.

4.5 Exemple d'application

Afin de montrer le déroulement de l'algorithme de cryptage, nous avons pris comme exemple une image contenant 219x370 pixels, les valeurs de ces pixels (R,V,B) sont toutes transférées dans un tableau x_0 de dimension $h = 243090$. Nous avons ensuite généré une séquence chaotique Y à partir de la formule 4.5 contenant 243090 éléments, pour cela nous avons pris comme condition initiale $y_0 = 0.001$ et un paramètre $c = 3.99$. A partir de cette séquence chaotique, nous avons généré deux autres séquences $K1$ et $K2$, les sept premières valeurs de ces deux séquences sont montrées sur le tableau suivant.

Les deux processus de confusion et de diffusion sont réalisés grâce à la formule 4.8 et cela en connaissant les valeurs des indices $K1$ et $K2$, toutefois, puisque les pixels sont couplés de manière chaotique, certains pixels demeurent inchangés et d'autres se voient modifiés plusieurs fois à cause des valeurs répétées dans la séquence chaotique $K1$. Cela ne constitue pas en soit une défaillance, bien au contraire, la cryptanalyse devient plus complexe, puisque le cryptanalyste ne peut faire la distinction entre les pixels modifiés et les pixels non modifiés.

Le tableau suivant regroupe les valeurs des données à chiffrer, le résultat de leur chiffrement, les

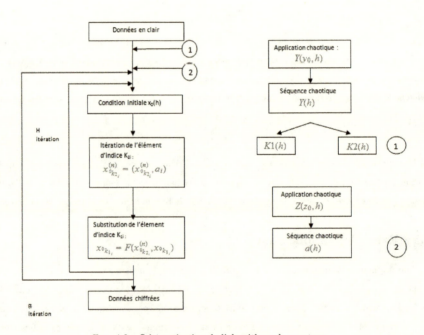

FIG. 4-2 – Schématisation de l'algorithme de cryptage

valeurs des séquences chaotiques Y, $K1$ et $K2$ ainsi que les valeurs du paramètre a_i et cela pour les sept premières itérations.

x_0	97	105	6	138	1	19	13
a	3.5743	3.58699	3.63509	3.79041	3.99865	3.57536	3.5911
Y	0.201	0.64238	0.918889	0.298121	0.836959	0.545822	0.991577
$K1$	12398	47060	151794	228026	56516	173502	198663
$K2$	34227	61957	145744	206730	69522	163110	183240
x_0(chiffré)	74	1	98	64	69	247	129

4.6   Etude de l'algorithme de cryptage

La cryptanalyse désigne habituellement les techniques qui permettent d'extraire de l'information sur des secrets en observant uniquement les données publiques d'un cryptosystème. Les deux types de secrets sont le message clair (P, plaintext) et la clé (K, key). Ce qui compte avant tout dans une cryptanalyse, c'est de gagner de l'information sur le message clair d'une manière ou d'une autre. Ceci dit, un bon algorithme de cryptage doit se montrer robuste face à toutes les méthodes de cryptanalyse. Dans cette section nous allons analyser la sécurité de l'algorithme de cryptage proposé, cela comprend l'analyse statistique, l'analyse de la sensibilité aux conditions initiales, l'analyse de l'espace des clés, et l'analyse de la robustesse en présence des bruits.

4.6.1   Analyse statistique

Plusieurs documents peuvent être cryptanalysés à l'aide de la cryptanalyse statistique, toutefois, un bon algorithme de chiffrement doit être en mesure de faire face à ce type d'attaque. Afin de prouver la robustesse de l'algorithme de cryptage proposé, nous avons effectué une analyse statistique en calculant les histogrammes associés aux différentes données cryptées et en calculant également les coefficients de corrélation entre différentes données sources et leurs données cryptées équivalentes. Grâce à cette analyse statistique, l'algorithme de chiffrement peut être réellement considéré comme une boîte noire par le cryptanalyste.

Analyse des histogrammes

Un histogramme de données permet de représenter la fréquence d'occurrence de chaque élément de donnée, ainsi, un histogramme de couleurs est une représentation de la fréquence d'occurrence de chaque intensité de couleur dans une image, de même un histogramme calculé pour des données textuelles permet de représenter la fréquence d'occurrence de chaque caractère dans un texte.

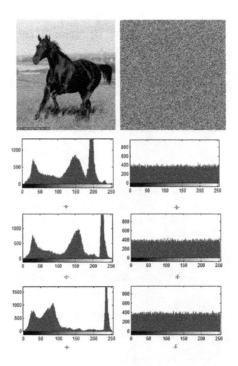

Fig. 4-3 – Image source et image cryptée équivalente, analyse des histogrammes, -a- -c- et -e- montre les histogrammes associés aux trois canaux rouge vert et bleu de l'image en clair, -b- -d- et -f- montre les histogrammes associés aux trois canaux rouge vert et bleu de l'image cryptée

Il fournit ainsi une vue d'ensemble des données, pour cette raison, l'histogramme associé aux données cryptées ne doit porter aucune information sur les données d'origine.

La figure 4-3 montre les histogrammes rouge vert et bleu associés à chacune des images source et cryptée, la figure 4-4 montre les histogrammes associés à chacun des textes source et crypté, la figure 4-5 montre les histogrammes associés à chacune des ondes sonores source et cryptée. Tous ces calculs ont étaient réalisés pour un même nombre d'itération $\alpha = 3$.

Il est clairement visible que les histogrammes associés aux données cryptées sont bien uniformes et loin de ressembler à ceux calculés pour les données en clair, toutes les statistiques des données sources sont donc bien dissimulées dans les données cryptées, cela revient à dire que les statistiques des données en sortie ne donnent aucune information sur les données en entrée, notre algorithme satisfait bien la définition donnée par Claude Shannon. L'algorithme proposé n'autorise alors aucune attaque statistique.

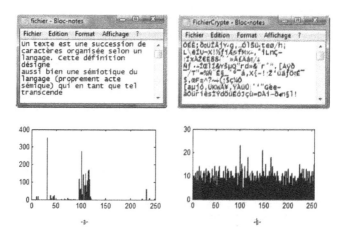

FIG. 4-4 – Texte en clair et son texte crypté équivalent, analyse des histogrammes, -a- montre l'histogrammes associé au texte en clair, -b- montre l'histogrammes associé au texte crypté

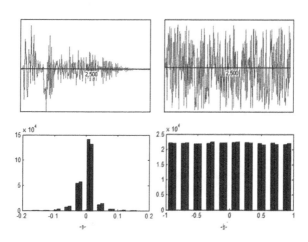

FIG. 4-5 – Onde sonore source et son onde sonore cryptée équivalente, analyse des histogrammes,-a- histogramme de l'onde sonore source, -b- histogramme de l'onde sonore cryptée.

Analyse des coefficients de corrélation

En plus de l'analyse des histogrammes, nous avons calculé les coefficients de corrélation existante entre différentes données sources et leurs données cryptées respectives et cela pour différentes valeurs de α, allant de 2 à 4. Pour cela, nous avons fait usage de la formule 4.11.

$$C(r) = \frac{\sum_{i=1}^{N}((x_i - \bar{x})(y_i - \bar{y}))}{\sqrt{(\sum_{i=1}^{N}(x_i - \bar{x})^2)(\sum_{i=1}^{N}(y_i - \bar{y})^2)}} \qquad (4.11)$$

Où x_i et y_i sont des valeurs des données adjacentes appartenant aux données sources et à leurs données cryptées respectives. Les tableaux suivants regroupent les mesures de corrélation obtenues pour les différents types de données traitées, à savoir, les images, les textes et les sons.

	Dimension de l'image	$\alpha = 2$	$\alpha = 3$	$\alpha = 4$
Image 1	300×330	0.0250	0.0040	-0.0019
Image 2	219×370	0.0220	0.0089	-3.9286e-004
Image 3	427×600	0.0183	0.0043	0.0022
Image 4	303×491	0.0147	0.0062	2.1026e-004

	Durée (s)	$\alpha = 2$	$\alpha = 3$	$\alpha = 4$
Son 1	5	-0.0012	-0.0025	3.6004e-004
Son 2	10	0.0016	0.0012	3.5714e-004
Son 3	13	0.0024	0.0015	3.0231e-004

	Nombre de caractères	$\alpha = 2$	$\alpha = 3$	$\alpha = 4$
Texte1	2300	0.0443	-0.0135	0.0013
Texte2	9200	0.0163	0.0128	0.0022
Texte 3	27500	0.0126	-0.0078	-0.0023

En observant ces résultats nous remarquons que la corrélation entre les données sources et les données cryptées se rapproche d'avantage de zéro pour des valeurs plus grandes de α, cela veut dire que la corrélation devient de plus en plus négligeable en augmentant le nombre d'itération α, nous pouvons ainsi conclure que la sécurité de notre algorithme est renforcée à mesure que nous augmentons le nombre

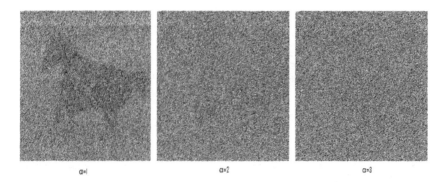

FIG. 4-6 – Sensibilité de l'algorithme au nombre d'itération α.

d'itération α.

La figure 4-6 montre la sensibilité de cet algorithme au nombre d'itération α. Il est clairement visible que pour $\alpha = 1$, l'allure de l'image d'origine peut être distinguée à partir de l'image cryptée, cependant, pour des valeurs de $\alpha \geq 2$ l'image source est complètement dissimulée pour ainsi assurer une bonne sécurité.

Cela s'applique également au chiffrement des données textuelles et sonores, puisque pour un nombre d'itération $\alpha = 1$, quelques échantillons de son et quelques caractères appartenant aux données en clair restent inchangés, plus nous augmentons le nombre d'itération α plus nous remarquons qu'un plus grand nombre d'échantillon ou de caractère est crypté. Cela est dû au couplage chaotique des données et aux répétitions dans la séquence chaotique $K1$.

4.6.2 Analyse de la sensibilité aux conditions initiales

Un bon algorithme de cryptage doit être sensible aux changements de la clé secrète, ainsi, une légère variation dans la clé secrète devrait produire des résultats complètement différents ou empêcher de retrouver les données en clair. Le degré de cette sensibilité vari d'un algorithme à un autre selon son efficacité. Pour tester ce critère dans l'algorithme proposé, nous avons crypté les différents types de données traitées à l'aide d'une clé secrète x. Les figures 4-7 -b-, 4-8-b- et 4-9-b- représentent les données cryptées obtenues. Ces données doivent ensuite être décryptées à l'aide d'une clé secrète quelque peu différente de la précédente, nous avons introduit pour cela une variation de l'ordre de 10^{-18}. Les figures 4-7 -c-, 4-8-c- et 4-9-c- montrent les données décryptées obtenues.

En observant les résultats obtenus, nous pouvons constater qu'une petite variation dans la clé secrète,

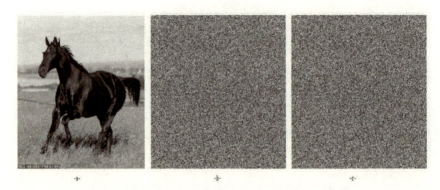

FIG. 4-7 – Sensibilité aux conditions initiales, (a) image source, (b) image cryptée, (c) image décryptée avec une erreur de 10^{-18} dans la clé secrète.

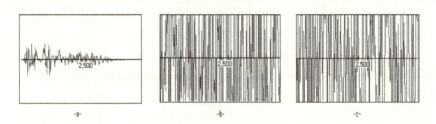

FIG. 4-8 – Sensibilité aux conditions initiales, (a) onde sonore source, (b) onde sonore cryptée, (c) onde sonore décryptée avec une erreur de 10^{-18} dans la clé secrète.

FIG. 4-9 – Sensibilité aux conditions initiales, (a) texte source, (b) texte crypté, (c) texte décrypté avec une erreur de 10^{-18} dans la clé secrète.

aussi infime qu'elle puisse être, nous empêche de retrouver les données en clair. Notre algorithme est alors très sensible aux conditions initiales.

Un autre test consiste à crypter une même donnée à l'aide de deux clés secrètes légèrement différentes et de comparer les données cryptées obtenues, le tableau suivant montre les résultats de cette comparaison.

Donnée cryptée 1	Donnée cryptée 2	Valeur de la corrélation
Image cryptée (clé1)	Image cryptée (clé2)	0.0056
Texte crypté (clé1)	Texte crypté (clé2)	-0.00363
Son crypté (clé1)	Son crypté (clé2)	-0,0025

L'analyse des valeurs de la corrélation montre qu'il n'existe aucune corrélation entre les deux données cryptées (image, texte et son) à l'aide des deux clés différentes, ainsi une petite variation dans la clé secrète conduit à des résultats différents, même si cela n'est pas perceptible.

Grace aux résultats des deux tests nous pouvons confirmer que notre algorithme est bien sensible aux changements de la clé secrète, il est donc sensible aux conditions initiales.

4.6.3 Analyse de la sensibilité aux bruits

L'un des problèmes les plus importants dans le monde réel des communications est la présence de bruits dans les liaisons de transmission, ainsi, si X représente les données transmises et B le bruit présent dans une liaison de transmission, les données à l'arrivée seront égales à $Y = X + B$.

La majorité des algorithmes de cryptage existants présente une très grande sensibilité aux bruits. Comme nous allons le voir, cet algorithme est robuste face aux bruits additifs.

Afin de le prouver, nous avons altéré quelques éléments de données (pixels, caractères ou échantillon de son) appartenant à des données cryptées de taille égale à 297000 octet et cela de manière aléatoire. Précisons tout de même, que le nombre d'éléments que nous devons altérer dans le cas d'une image doit être trois fois moins que dans le cas d'un texte ou d'un son, puisque chaque pixel est codé sur trois octets et qu'un caractère ou un échantillon de son sont codés sur un octet.

Nous avons ensuite tenté de décrypter toutes les données chiffrées obtenues et cela en utilisant la même clé secrète que celle utilisée pour le cryptage. Pour mesurer le degré de similitude entre les données en clair et les données décryptées, nous avons mesuré les coefficients de corrélation entres ces dernières, tels montrés sur le tableau suivant. Les calculs ont bien sûr été effectués pour les différents types de données et pour différents degrés d'altération des données cryptées.

Nombre d'éléments altérés	Image	Texte	Son
300	0.9965	0.9879	0.99
600	0.9931	0.98	0.9897
900	0.9829	0.9756	0.9811
1800	0.9754	0.9644	0.97

L'analyse de ces valeurs montre qu'il existe une très forte corrélation entre les données en clair et les données décryptées. L'algorithme proposé est donc bien robuste face aux différents bruits dus à la transmission.

4.6.4   Estimation de la taille de l'espace des clés

L'attaque par force brute est une méthode utilisée en cryptanalyse pour trouver un mot de passe ou une clé secrète. Il s'agit de tester, une à une, toutes les combinaisons possibles. Cette méthode de recherche exhaustive ne réussit que dans le cas où l'espace des clés est de petite taille. Pour contrer cette méthode, il suffit simplement que l'algorithme de cryptage permette un espace de clés de taille suffisamment grande. Ainsi, l'attaquant devra mettre beaucoup de temps pour trouver la bonne clé.

L'espace des clés de l'algorithme de cryptage proposé est constitué des paramètres b, et c, des conditions initiales y_0^α et z_0^α et des nombres d'itération n et α. Ces deux derniers doivent être judicieusement choisis afin d'assurer un meilleur temps d'exécution et une meilleure sécurité.

Certains des éléments de l'espace des clés que nous venons de citer représentent des clés de confusion, d'autres des clés de diffusion, l'espace des clés total est calculé à l'aide de la formule 4.12.

$$EC = (EC_C . EC_D)^{\Delta\alpha} \tag{4.12}$$

Où EC_C représente l'espace des clés de confusion et EC_D l'espace des clés de diffusion calculés comme suit :

$EC_C = EC_c . EC_y$.

Où EC_c est l'espace des clés du paramètre c, EC_y est l'espace des clés de la condition initiale y_0.

$EC_D = EC_b . EC_z . EC_n$.

Où EC_b est l'espace des clés du paramètre b, EC_z est l'espace des clés de la condition initiale z_0 et EC_n est l'espace des clés du nombre d'itération n.

Après de nombreux tests de l'algorithme de cryptage nous avons pu estimer la taille de l'espace des paramètres EC_b et EC_c ainsi que la taille de l'espace des conditions initiales EC_y, EC_z, les résultats obtenus sont les suivants :

$EC_y = EC_z = 10^{18}$, $EC_n = 10^3$, $EC_c = EC_b = 0.43 \times 10^{15}$.

Si nous supposons que les fenêtres périodiques occupent moins de 10% de l'espace des paramètres b et c, nous obtenons alors : $EC_c = EC_b = 0.387 \times 10^{15}$

$$EC = (EC_C.EC_D)^{\Delta\alpha} = (EC_c EC_y.EC_b.EC_z.EC_n)^{\Delta\alpha}$$

De bonnes performances de cryptage sont atteintes pour des valeurs de $\alpha \geq 2$, cependant il serait préférable en terme de temps d'exécution de ne pas dépasser 10 itérations. De même n ne doit pas dépasser 1000 itérations. $\Delta\alpha$ est égale alors à 8 ($\Delta\alpha = 10 - 2$).

Après estimation de la valeur de l'espace des clés total, nous obtenons : $EC = 2.53 \times 10^{496}$. Ainsi nous avons près de 2.53×10^{496} combinaisons possibles de la clé secrète. Cet espace est de loin le plus grand de tous espaces de clé connus jusqu'à maintenant. En conséquence, le cryptanalyste n'a aucune chance de retrouver la clé secrète.

4.6.5   Estimation du temps de cryptage et de décryptage

L'un des plus grands avantages de notre algorithme de cryptage est sa rapidité en terme de temps d'exécution, cela revient au fait que l'ensemble des données à crypter et à décrypter est stocké dans des tableaux ce qui réduit le temps d'accès. Aussi, tous les indices et les paramètres utilisés tels que : le paramètre a_i et les indices K_1 et K_2 peuvent être précalculés avant d'entamer toute opération de cryptage et de décryptage, pour cela il faut disposer de 4 espaces de stockage (ne pas oublier celui qui servira à stocker les données à crypter), tous de taille égale à la taille des données que nous voulons sécuriser multiplié par le nombre d'itération α. La seconde raison de cette rapidité est que la fonction F choisie est une opération simple qui ne nécessite pas un temps CPU important.

Afin de donner des valeurs exactes du temps d'exécution obtenu, nous avons fait un ensemble de tests sur des données de tailles différentes. Les résultats de la corrélation montre qu'un nombre d'itération $\alpha = 3$ ou $\alpha = 2$ suffit pour une bonne sécurité, nous avons donc pris pour nos mesures ces deux valeurs.

Il est important de préciser que ces tests ont été effectués sur un ordinateur Intel (R) Core (TM) 2 Duo CPU 2.00GHz avec 4Go de RAM et que l'implémentation de cet algorithme a été faite sur Borland C++ builder 6.0. Les résultats obtenus sont regroupés dans le tableau suivant :

Taille des données	Temps de cryptage (s) $\alpha = 2$	Temps de cryptage (s) $\alpha = 3$
290Ko	0.008	0.013
436Ko	0.017	0.035
750Ko	0.04	0.063

4.7 Conclusion

Au cours de cette étude, nous avons présenté un nouvel algorithme de cryptage, ce dernier permet d'allier un temps d'exécution de l'ordre de quelques milliseconde à quelques secondes et une bonne sécurité, puisqu'il peut faire face à différentes attaques, dont l'attaque statistique et l'attaque à force brute, en effet, afin de sécuriser au mieux cet algorithme, les indice de confusion et de diffusion sont générés une nouvelle fois à partir d'une nouvelle condition initiale et cela pour chaque itération α, ainsi l'espace des clé se trouve élargi et suffisamment grand pour contrer toutes les attaques à force brute, cela revient également à la sensibilité des suites logistiques aux conditions initiales, puisque de petites variations dans la condition initiale qui représente la clé secrète empêchera de restituer les données d'origine. Pour des applications qui nécessitent plus de sécurité, il est possible d'élargir d'avantage l'espace des clés, et cela en introduisant plus de clés secrètes.

Le temps de chiffrement est suffisamment court pour réaliser un cryptage de données en temps réel, cependant, nous avons comme perspective de l'améliorer au maximum en optimisant d'avantage son l'implémentation.

Conclusion générale

Les systèmes chaotiques et plus particulièrement les suites logistiques étudiées dans le cadre de ce travail, évoluent vers le chaos en passant par une séquence de bifurcations, permettant d'aller d'une évolution vers un état stable à une évolution vers des cycles de périodes doublées à chaque bifurcation, pour enfin laisser apparaitre un comportement apériodique qualifié de chaotique.

En plus d'être apériodique, ce type de comportement dénote une certaine sensibilité aux changements des conditions initiales ce qui les rendent aussi imprédictibles à long terme. Des mesures, telles que l'exposant de Lyapunov nous ont permis d'estimer cette sensibilité. Toutes ces propriétés sont directement reliées aux propriétés d'une bonne sécurité et d'un bon chiffrement de données, telles que la confusion et la diffusion.

Notre objectif a été alors d'utiliser ces systèmes pour réaliser un algorithme de chiffrement et de déchiffrement de données. Les résultats obtenus ont bien sûr étaient très satisfaisant, assurant ainsi un compromis entre une bonne sécurité, une facilité d'implémentation et cela en un minimum de temps.

La méthode de synchronisation utilisée, nommé synchronisation par filtrage de Kalman Exact nous a conduit vers des résultats performants en terme d'erreur quadratique moyenne. Cependant, nous avons comme perspective de les améliorer afin d'obtenir une très bonne synchronisation entre l'émetteur et le récepteur. Celle-ci permettra d'une part de faire varier la clé secrète à chaque opération de chiffrement, exploitant ainsi au maximum la sensibilité de notre algorithme aux changements de la clé secrète et d'autre part de pallier l'énorme contrainte des algorithmes de chiffrement symétrique, qui est celle de l'échange de la clé secrète. Etant appliquée jusqu'à présent pour des polynômes de Chebychev de différents ordres, nous avons aussi comme perspective de l'implémenter en utilisant les suites logistiques comme générateur de séquences chaotiques.

Bibliographie

[1] A.Menezes, P.van Oorschot, and S. Vanstone. Handbook of Applied Cryptography, 1996.

[2] Ghislaine Labouret. Introduction à la cryptologie, 5 novembre 1998.

[3] Pierre BARTHELEMY. Rappels et définitions, ICIMAF et Université de la Havane, novembre-décembre 2000.

[4] Emonet jean-Bruno. Algorithme de chiffrement, 24 juin 2005.

[5] http ://www.uqtr.uquebec.ca/~delisle/Crypto/introduction/definition.php.

[6] Mathématiques discrètes, support de cours de Julien Dompierre, Département de mathématiques et d'informatique Université Laurentienne.

[7] Rijndael et l'AES, Pierre-Alain Fouques.

[8] Histoire des Maths, cryptographie RSA, Mr Mamouni.

[9] François ARNAULT. Théorie des nombres et cryptographie. Université de Limoges, 7 mai 2002.

[10] Ahmed Mehaoua, cryptographie et services de sécurité.

[11] Introduction à la cryptographie, 1990-1998.

[12] http ://doc.ubuntu-fr.org/ssh.

[13] M. jean-Cristophe yccoz, équations différentielles et systèmes dynamiques.

[14] Daniel Kaplan & Leon Glass, understanding nonlinear dynamics,1995.

[15] Leonard A. Smith, CHAOS : A Very Short Introduction, OXFORD university press.

[16] E. Petrisor : Int. J. of Bifurcation and Chaos 11, 497 (2001).

[17] Philippe Etchecopar, Cégep de Rimouski, quelques éléments sur la théorie du chaos.

[18] Robert L.Devaney, An introduction to chaotic dynamical systems "second edition",1989

[19] Robert L.Devaney, Chaos rules !, septembre 16, 2003.

[20] Devaney R.L., Keen L. (eds), Chaos and fractals.. the mathematics behind the computer graphics,1989.

[21] E. Petrisor : Chaos, Solitons and Fractals 14, 117 (2002).

[22] Barbara SCHAPIRA, Fractal-e-s, 7 novembre 2005.

[23] ODEN Jérémy, Le chaos dans les systèmes dynamiques, 5 juillet 2007.

[24] Modèle de Hénon.

[25] Jean-Yves Briend, Le théorème de Sarkovskii, Le journal de maths des élèves, Volume 1 (1995), No. 3

[26] Daniel PERRIN, La suite logistique et le chaos, 2007.

[27] H. Rabarimanantsoa, C. Letellier, L. Achour, A. Cuvelier, & J.-F. Muir, diagrammes de récurrence et entropie de Shannon pour l'étude des asynchronismes en ventilation non invasive.

[28] L. Pecora and T. Carroll. Synchronization in chaotic systems. Phys. Rev. Lett., 64 :821–823, 1990.

[29] L. M. Pecora, T. L. Caroll, G. A. Johnson, D. J. Mar, and J. F. Heagy. Fundamentals of synchronization in chaotic systems, concepts, and applications. Chaos, 7(4) :520–543, 1997.

[30] M.B. Luca. Apports du chaos et des estimateurs d'états pour la transmission sécurisée de l'information. PhD thesis, UBO, Brest, FRANCE, 2006.

[31] K.Georges. Contributions à l'amélioration des systèmes de communication multi-utilisateurs par chaos : synchronisation et analyse des performances. Thèse de doctorat, INSA Toulouse, FRANCE, 2008.

[32] B.Choukri. Synchronisation des systèmes chaotiques par observateur : Application Au Cryptage. Thèse de Magister en API, UABB Tlemcen, Algérie, juin 2005.

[33] M. B. Luca, S. Azou, G. Burel, and A. Serbanescu. On exact kalman filtering of polynomial systems. IEEE Trans. Circuits Syst. I, 53(6) :1329–1340, June 2006.

[34] Patidar V et al., A new substitution-diffusion based image cipher using chaotic standard and logistic maps, Commun Nonlinear Sci Numer Simulat (2008), doi : 10.1016/j.cnsns.2008.11.005.

[35] J. Fridrich, Symmetric ciphers based on two-dimensional chaotic maps Int. J. Bifurc. Chaos 8 (6) (1998) 1259–1284.

[36] Chen G, Mao Y, Chui CK. A symmetric image encryption based on 3D chaotic cat maps. Chaos Solitons and Fractals 2004;21 :749–61.

[37] S.G. Lian, J. Sun, Z. Wang, A block cipher based on a suitable use of chaotic standard map, Chaos Solitons Fractals 26 (1) (2005) 117–129.

[38] Z.H. Guan, F.J. Huang, W.J. Guan, Chaos-based image encryption algorithm, Phys. Lett. A 346 (2005) 153–157.

[39] Tong X, Cui M. Image encryption with compound chaotic sequence cipher shifting dynamically. Image Vision Comput 2008;26 :843–50.

[40] N.K. Pareek, V. Patidar, K.K. Sud, Image encryption using chaotic logistic map, Image Vis. Comput. 24 (9) (2006) 926–934.

[41] Kwok HS, Tang WKS. A fast image encryption system based on chaotic maps with finite precision representation. Chaos, Solitons and Fractals 2007;32 :1518–29.

[42] A.N. Pisarchik, N.J. Flores-Carmona, M. Carpio-Valadez, Encryption and decryption of images with chaotic map lattices, Chaos 16 (3) (2006) 033118-1/6.

[43] T. B. Fowler. Application of stochastic control techniques to chaotic non-linear systems. IEEE Trans. Automat. Control, 34 :201–205, Feb. 1989.

[44] H. Leung, Z. Zhu, and Z. Ding. An aperiodic phenomenon of the extended kalman filter in filtering noisy chaotic signals. IEEE Trans. Signal Processing, 48(6) :1807–1810, June 2000.

[45] H. Leung and Z. Zhu. Performance evaluation of ekf-based chaotic synchronization. IEEE Trans. Circuits Syst. I, 48(9) :1118–1125, Sept. 2001.

Résumé :

Dans ce travail, nous nous sommes intéressées de près aux systèmes chaotiques, plus exactement aux suites logistiques. Ces systèmes dynamiques sont rigoureusement déterministes et présentent un phénomène d'instabilité appelé : Sensibilité aux conditions initiales. Les propriétés statistiques de ces suites ont été étudiées et leurs temps de génération évalués.

Notre Objectif principale a été de générer des séquences chaotiques en vue de les appliquer au chiffrement des données secrètes dans un algorithme de cryptage et de décryptage symétrique que nous avons proposé et dans lequel nous avons essayé d'exploiter au mieux les caractéristiques de ces systèmes, pour ainsi assurer une très bonne sécurité.

Nous avons également énoncé différentes méthodes de synchronisation, dont la synchronisation par filtrage de Kalman Exact que nous avons implémenté pour des ordres inférieurs du polynôme de Chebychev. Cependant, pour des ordres supérieurs, celle-ci permettra de résoudre le problème de synchronisation entre l'émetteur et le récepteur, assurant ainsi un recouvrement des données en toute sécurité.

Mots clés : Suites logistiques, systèmes chaotiques, générateurs de nombres pseudo-aléatoires, cryptage par chaos.

Abstract :

In this work, we are paying great attention to chaotic systems, more exactly to logistic maps. These dynamic systems are strictly deterministic and presents a phenomenon of instability called : Sensitivity to initial conditions. The statistical properties of this maps have been studied and their generation time evaluated.

Our main objective was to generate chaotic sequences in order to apply its to cipher secret data in a symmetrical encryption and decryption algorithme that we proposed and where we tried to exploit the characteristics of these systems in order to ensure a very high security.

We also set out different methods of synchronization, including synchronization by Exact Kalman filtering that we implemented for the lower orders of Chebychev polynomial. However, for higher orders, it will solve the problem of synchronization between the transmitter and receiver, thus providing an overlap of data securely.

Keywords : Logistic maps, chaotic systems, random number generators, chaotic data encryption.